ほっとする禅語70

監修 渡會正純
書 石飛博光

石飛さんと
筆と墨と紙が出逢うと
そこは　文字の
イシトビ・パーク。
誰でも楽しめる世界。
難しい文字が優しく、
優しい文字が深く。
深い文字が面白く。
そこでは石飛博光先生が
トビちゃんになる。

永六輔

はじめに

グチもこぼさず文句も言わず、毎朝四時に起きて黙々と修行に励む頼もしい雲水たちを見ていたら、彼らの原動力となっている「禅」というものをもっと寺の外にいる方々に伝えなくては、と今さらながら思いました。

能登半島の大本山總持寺祖院《そうじじそいん》は、自然とともに年輪を重ね、落ち着いた佇まいを見せています。ここで石飛博光先生との出逢いを頂きました。難しげに見える禅語も、先生の手にかかれば皆さんの心に届くはずだと直感しました。また、ともすれば硬くなりがちな禅の教えをやさしく説く手伝いをしてくれた杉谷みどり氏にも感謝の意を表します。

あなたの座右の銘がみつかりますように。

平成十五年初春

大本山總持寺祖院副寺　渡會正純

目次

一、どんなことがあっても

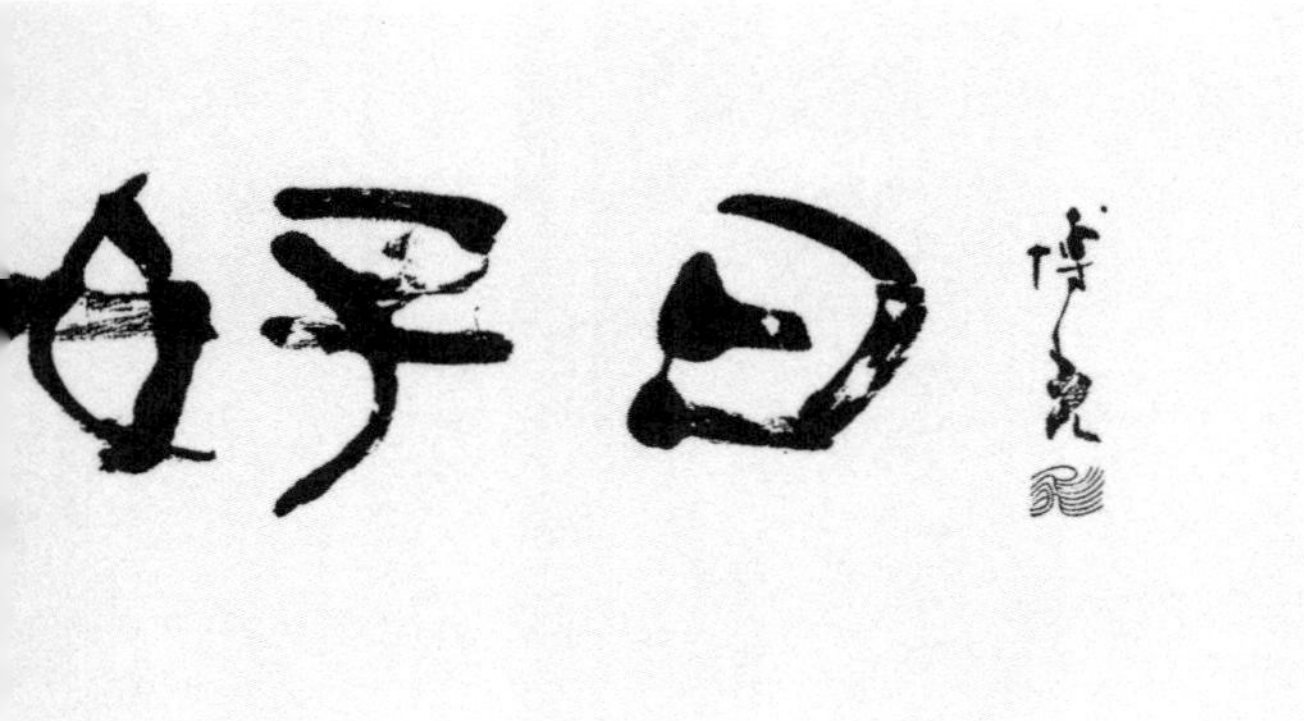

日《にち》々《にち》是《これ》好《こう》日《じつ》

どんな日もいい日だと言えますか

朝、カーテンを開けたら、どんよりと重く雲がかかって雨がシトシト。肌寒く、出掛けるのがおっくうになるような天気の日。しかも午後の予定はハローワーク。こんな天気じゃ自転車が使えないから歩いていかなきゃ。明日はカードの支払いがあるから、お金の算段もしなくては。あら？ ストッキングが伝線している！

こんな日に「日々是好日」なんて言ってられますか？

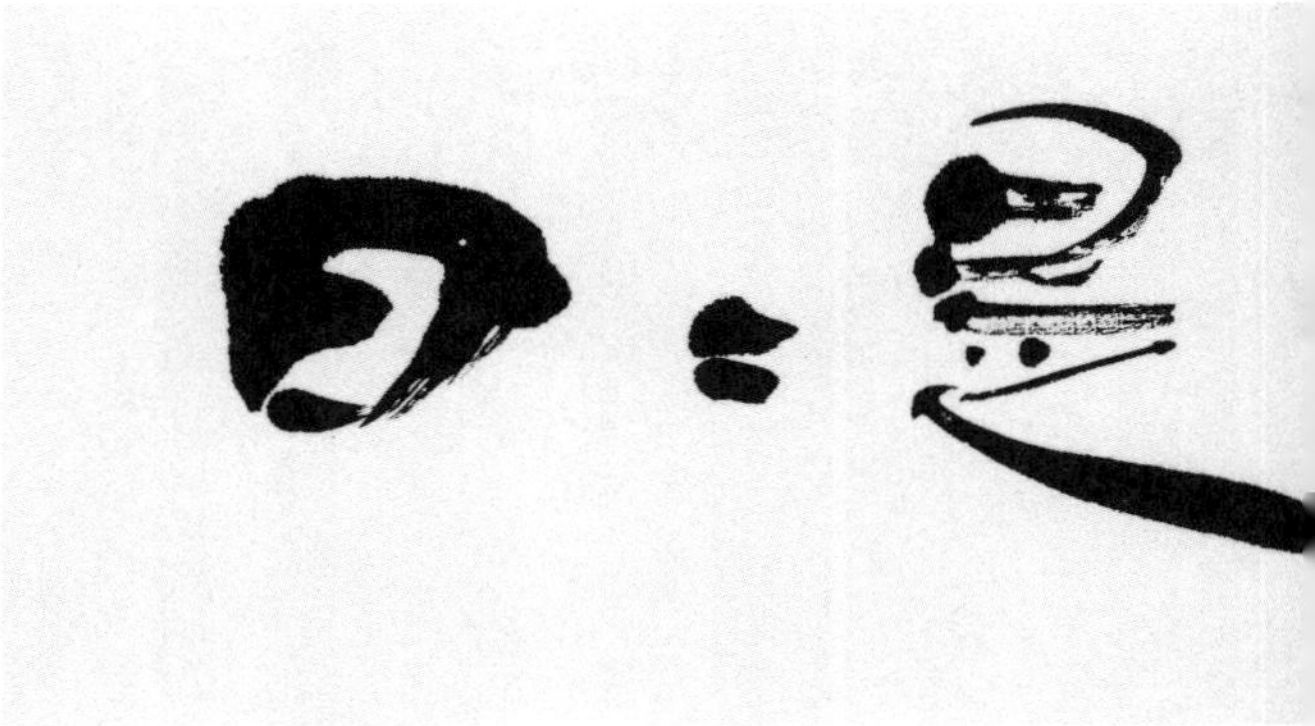

26 × 97 cm

しかし「日々是好日」は、どんな日でも毎日は新鮮で最高にいい日だという意味です。

ムカつく日も悲しい日も、雨の日も風の日も、その時のその感情や状態を大いに味わって過ごせば、かけがえのない日になる。新鮮な気持ちで目覚めたら、雨も楽しもう、寒さも味わおう、ハローワークも出逢いの場だ、お金の算段も当てがあるだけ幸せだ。

ほのぼのとして幸せそうな字面ですが、なかなか難問です。

喫《きっ》茶《さ》去《こ》

嫌いな人にも一杯のお茶を差し出せる余裕

よくいらっしゃいました。まずはお茶でも召し上がれ。

日常のあたりまえの光景ですが、お茶を差し出すことほど、私たちの心を写し出すものはありません。あなたは嫌いな人が来ても、お茶を召し上がれと言えますか。

到着したとたんあわてて言い訳しようとする人に、ご苦労さん、まずは一杯、と相手の呼吸を整えてあげることを考えますか。よく来たね、という気持ちも一杯のお茶が表わし、寒かったろう、というねぎらいの気持ちも一杯のお茶が表わします。

「喫茶去」とは、お茶を召し上がれ、というただそれだけの言葉。抹茶を立てても番茶でも、理屈抜きに一杯を差し出すことこそ禅の心に通じます。儀式でもなく、健康や喉の乾きのためともこだわらず、ただ「さあ、お茶をどうぞ」。

茶の湯とはただ湯をわかし茶を立てて飲むばかりなる本を知るべし（千利休）

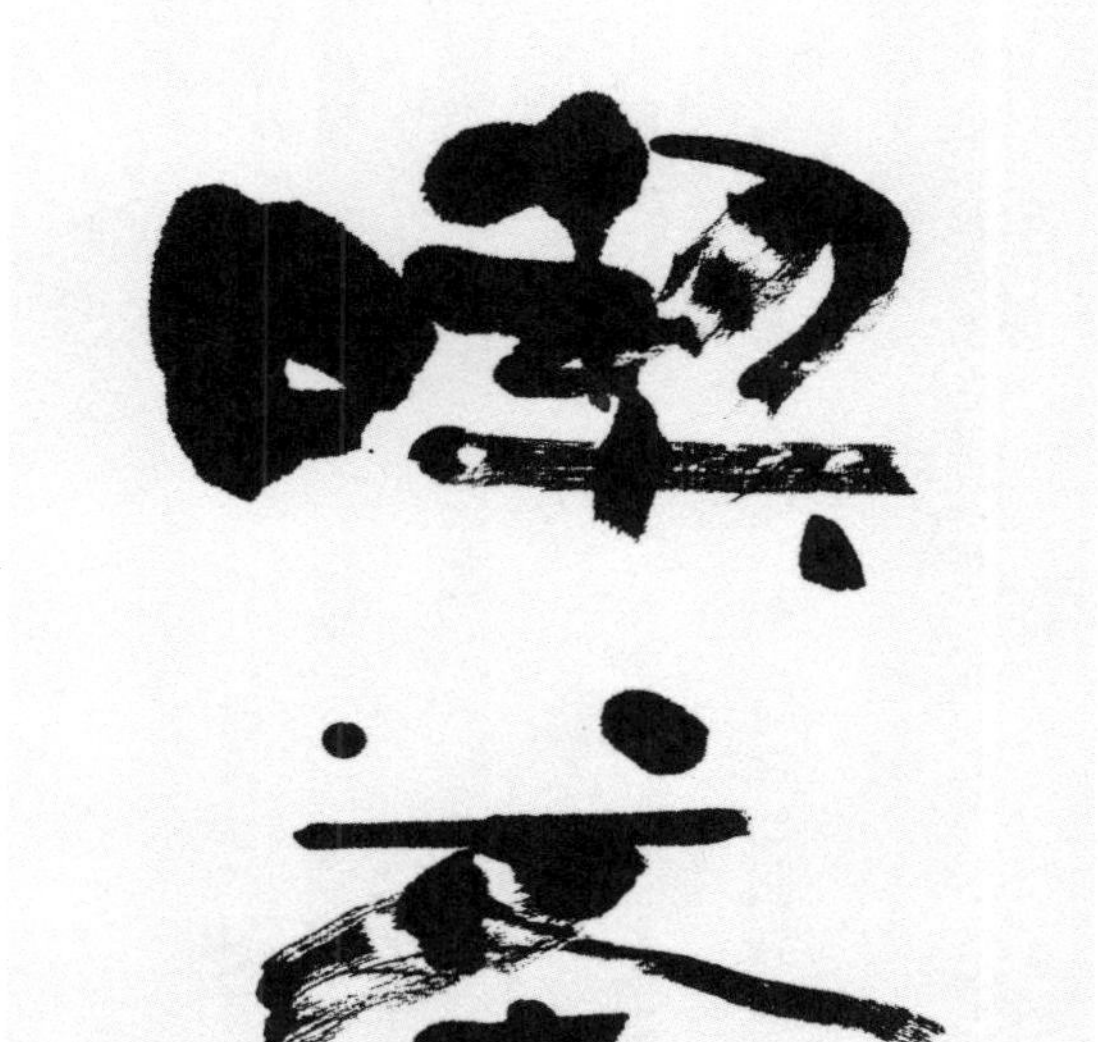

46 × 25 cm

明珠在掌《みょうじゅたなごころにあり》

あなたは幸せをつかんでいるのに

眉間にシワが寄ってますよ、何が不満なのですか？

あなたは自分の持っている宝にぜんぜん気づいていない。どこにあるかって？ その手の中にです。もう掴んでいるのですよ。明珠とは、計りきれないほどの価値ある宝です。それがあなたの掌にあると教えてくれている言葉です。まだ気づきませんか？

あなたはどこか遥か遠くに宝があると思って、一生懸命それを探しに行こうとしている。ここにはないんじゃないか、故郷に置いてきたのか、日本ではないのか、この仕事を続けても宝には到達できないのではないか。この人と一緒にいてもだめなのか。

あなたは自分の掌を見ようともせず、まだ遠くに取りに出掛けようとしている。

でも、お坊さんだって自分が宝を持っていることに気づくために修行を重ねます。自分をよく知ることは簡単そうに思えますが、かなり難しいことなんです。

70
×
23
cm

行雲流水《こううんりゅうすい》

自由に生きていこう

大空に浮かぶ雲。留まることなく流れていく水。どこまでも自由で束縛されていない様子が絵に描いたようにわかる言葉です。

行く手を阻む大きな岩が出てきたって、なんなく流れていく水は、こだわりなく執着なく海に向かってぐんぐん進む。丸いものに入れられれば丸くおさまり、四角いものに入れられれば四角におさまっていますが、固まったわけじゃない。だれも水に形を強制することはできません。山頂で雲はすぐそこにあるように見えますが、誰にも掴めない。そんな風に自由に生きていきましょうよ、と禅語は言っています。

修行僧のことを「雲水《うんすい》」と呼びますが、これは「行雲流水」の雲と水からできた呼び名です。居場所を決めずに、一ヶ所に留まることなく、いろいろな師をたずねて修行を重ねていくからです。

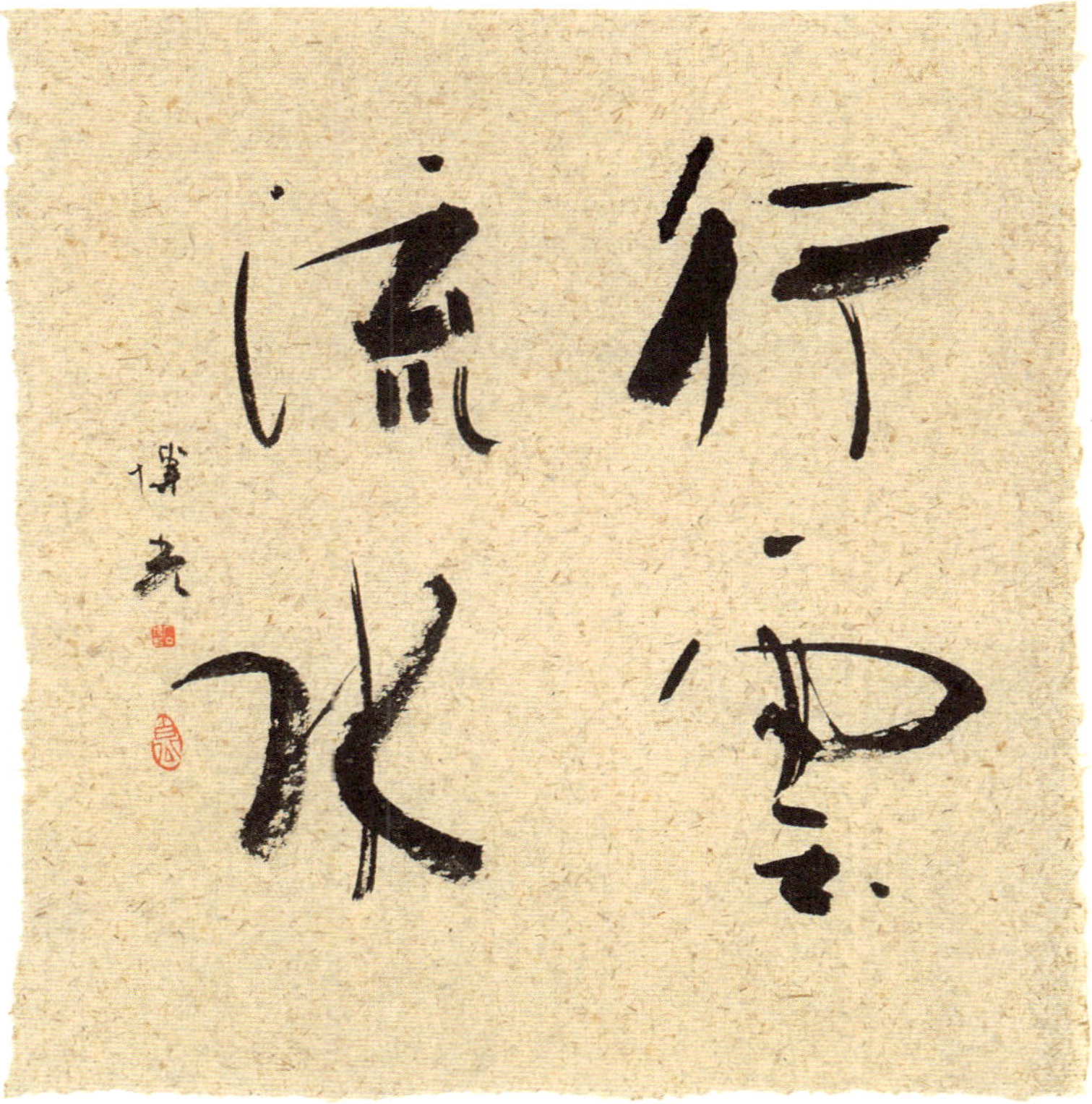

33 × 31 cm

啐《そっ》啄《たく》の機《き》

師弟の出逢いの絶妙なタイミング

才能の花開こうとする弟子と、それを見抜いて引き上げる師。上司と部下、母と子。両者の意識の高まりがあった時に出逢ってこそすべてがうまくいきます。この絶妙のタイミングを得ることを「啐啄の機」といいます。

何ごともここがグッドタイミングという瞬間があるもの。早すぎず、遅すぎず、その機を逃さず出逢う好機。それにはこれを見逃さない目と行動力がなければなりません。

相手がいての「啐啄の機」ですから、自分の都合だけでなく、相手の動きや成長の真実を見抜く目を持つことが大切です。両者の「呼応」が奇蹟を呼びます。「我逢人*」は人と人が出逢うことの尊さを表現した言葉ですが、その時期が来なければ成立しない人間関係もあるものです。

人は「啐啄の機」に出逢ってこそ花を咲かせます。

＊→ P.20

33 × 21 cm

我《が》逢《ほう》人《じん》

人と逢うことから全てが始まる

「我、人と逢うなり」

人と人との出逢いの尊さを三文字で表わした言葉です。心と心との出逢い、物と物との出逢い、人と物との出逢い、出逢いこそ命です。

道元禅師は、中国で念願の師と出逢った時を、「まのあたり先師《せんし》をみる。これ人にあふなり」という言葉にしました。自分だけで考えて、自分だけで行動していたのでは見つからないことがある。だから、その人との出逢いこそが全ての始まりだと思った、感動の言葉です。

構えた格好でも、些細な偶然でも、人との出逢いは何かを生みます。人は自分と違う領域を持って生きている。だから出逢いはあなたを広く深く成長させてくれます。

人と逢うことを大切に。人に逢える場を大切に。人と逢う姿を大切に。

34 × 38 cm

平常心是道《びょうじょうしんぜどう》

人生に近道なし

平常心とは、当たり前のことの積み重ねという意味です。道を極めるというのは、特別なことを頭で考えてウルトラCを修得するということではない、と言っています。

あなたが歩いていく人生という道。これは起きて歩いて座って寝て。このくり返しで達することができるのです。頭で策略を練って考えて生きていくのではないのです。頭で考えたことは、どんどん変化する。頭で考えたことは白黒をはっきりつけたがる。それに、知らないことは加味できない。心の直感を後回しにする傾向もあります。頭がいいと思っている人には聞き入れることが難しいかもしれません。でも、あなたの知識で近道を探すより、あなたの感性に頼った方がまし。生命の勘と習慣は、いざという時素晴らしく働きます。

人生に近道はないとあきらめて、当たり前のことを大切に育む日々が平常心です。

69×17cm

無《ぶ》事《じ》是《これ》貴《き》人《にん》

何もしないでいいですよ、今のままで

「無事」とは、普段使う「ご無事でなにより」の「無事」の意味ではありません。何事も無いことではなく、何もしないこと。あなたには全てのものが備わっているのだから、何もしなくていいんだよ、という意味です。

あなたの中にはいろんなあなたがいるでしょう。わがままなあなた、ずるいあなた、すぐ怒るあなた。でも、純粋な人間性というものにも気づきませんか？　ひとりになった時だけに会える、素直で素敵なあなた。

そう、人間は、もともと全てを自分の中に持っているのです。だから他に何かを求めていくのではなく、まずあなたの中の純粋なあなたにめぐり逢ってください。

これが「無事」です。そしてそれがわかった人が「貴人」です。

アイラインをひく前に、何もしないでも目は輝いていること、思い出してください。

25 × 31 cm

阿《あ》吽《うん》

相手をバカにしてちゃ生まれない呼吸

「ものごとのＡＢＣ」という言い方をしますね。「そんなことは、いろはのいだよ」とか。阿吽の意味を言えば、阿は万物の根源で、吽は一切が帰着する智徳。最初と最後の音です。あいうえおの「あ」と「ん」と一緒です。

始まって終わる、ものごとの全てがこの二音で表わされています。

「あうんの呼吸」というのは「あ」と「うん」の間に余計な邪魔がはいらない、息があった様子のこと。この呼吸はきわめて自然。口を開ければ「あ」という音に、その口を閉じれば「うん」になります。だから「あうん」は損得を考えた呼吸ではないのです。相手ばかりを見て、お世辞のために「うん」とうなずくのではありません。ものごとが始まる時から終わる時までの呼吸が簡潔で、理屈や説明がいらない。相手を疑ったり、バカにしていては決して生まれない呼吸です。

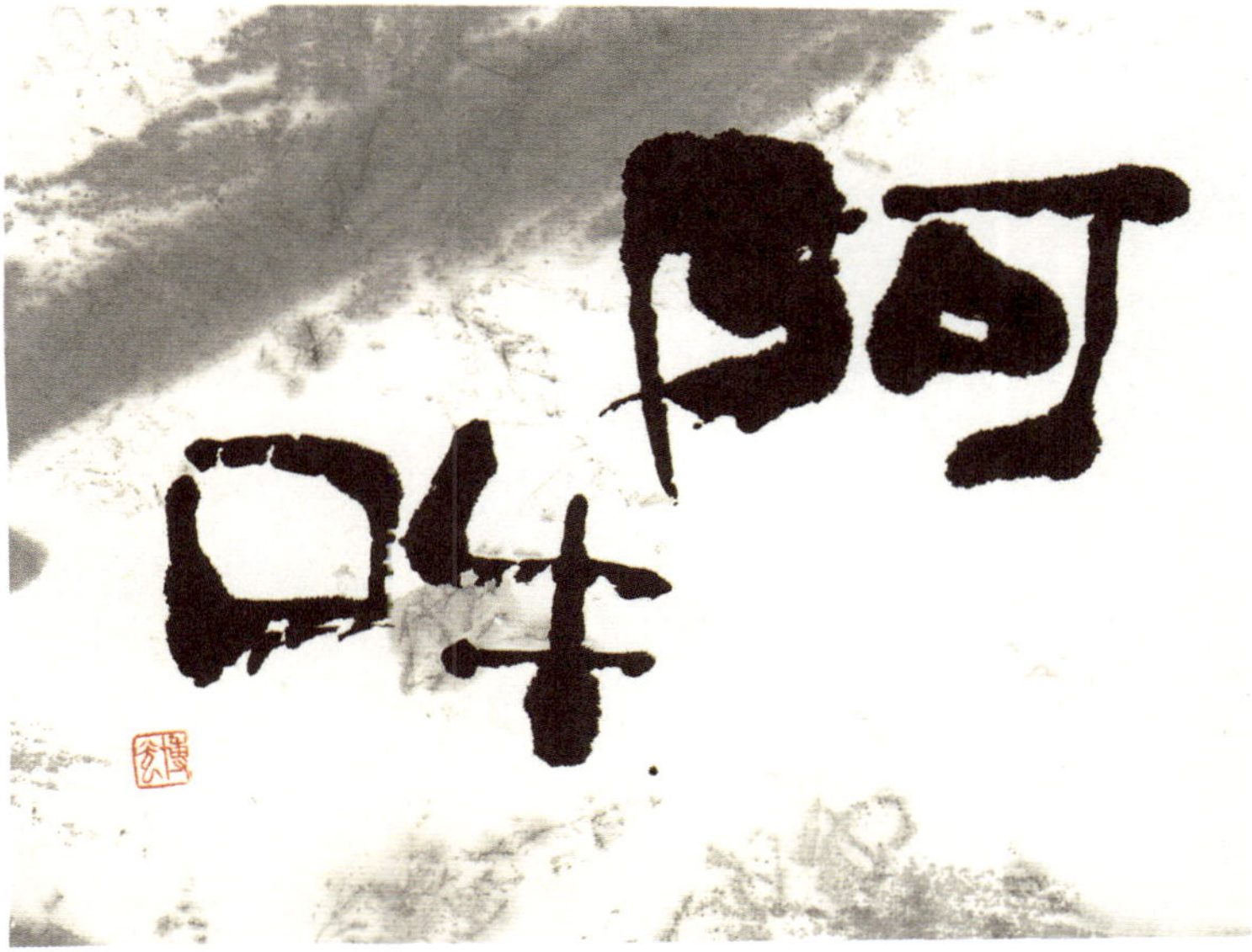

16 × 21 cm

不可思議《ふかしぎ》

大きな数をかぞえる単位でした

「伝法の証明として師からもらった衣と食器を石の上に置いた。それを弟子たちが持ち去ろうとするとビクともしない。腕力や知性では動かないのだ」。なんでも簡単に出来てしまう世の中で、言葉を駆使してもわかりにくく、説明すればするほど理解できなくなるかもしれない。みなさんにとって禅の世界は「不可思議」な話が多いでしょう。

仏や菩薩の智慧だとか、偉いお坊さんの神通力だとか、不可思議なことが多いので、こうした言葉ができたのでしょう。この「不可思議」は仏教語。言葉や思慮の及ばない境地です。億や兆のずっと上の数をかぞえる単位にもなっています。

よく聞く言葉のわりに、一番不可思議なのは「悟り」でしょうか。

「〇〇は、その一喝で悟った」

不可思議だからこそ正しく伝わるのかもしれません。

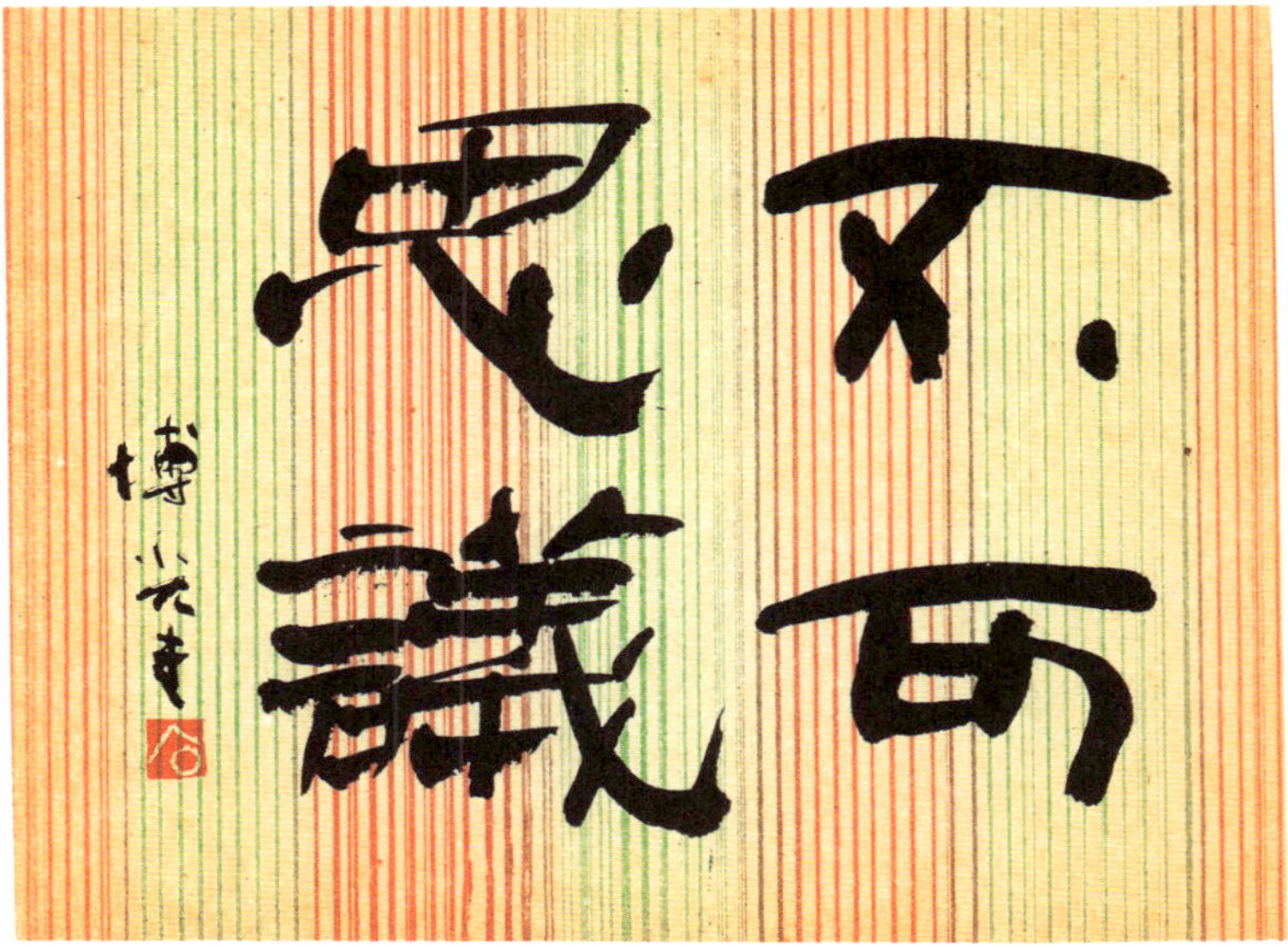

18 × 24 cm

一日不作《いちじつなさざれば》　一日不食《いちじつくらわず》

働き溜めはなし、食い溜めもなし

「働かざるもの食うべからず」に見えますが、これはそんな命令ではありません。人は、労働することが一番大切なことなので、それが出来ないなら食べることは出来ない、という自らを律した自発的な言葉。しかし、現代社会で食べられないことを想像するのは難しい。せいぜい稼ぎが悪いと好きなものが買えないくらいが実感です。禅のお坊さんにとって労働は一番大切な修行なので、こんな禅語が生まれましたが、私達にとってこの言葉からはもう一つの教えが見えてきます。それは、わざわざ不作不食に「一日」とつけてあるところです。

一日働いて一日分食べる。次の日も、一日働いて一日分食べる。快食快眠快便でいろいろなものを溜め込まず、労働も溜めず、食も溜めず、毎日を勤勉に暮らすことが、精神的にも肉体的にも健康でいる秘訣なのです。

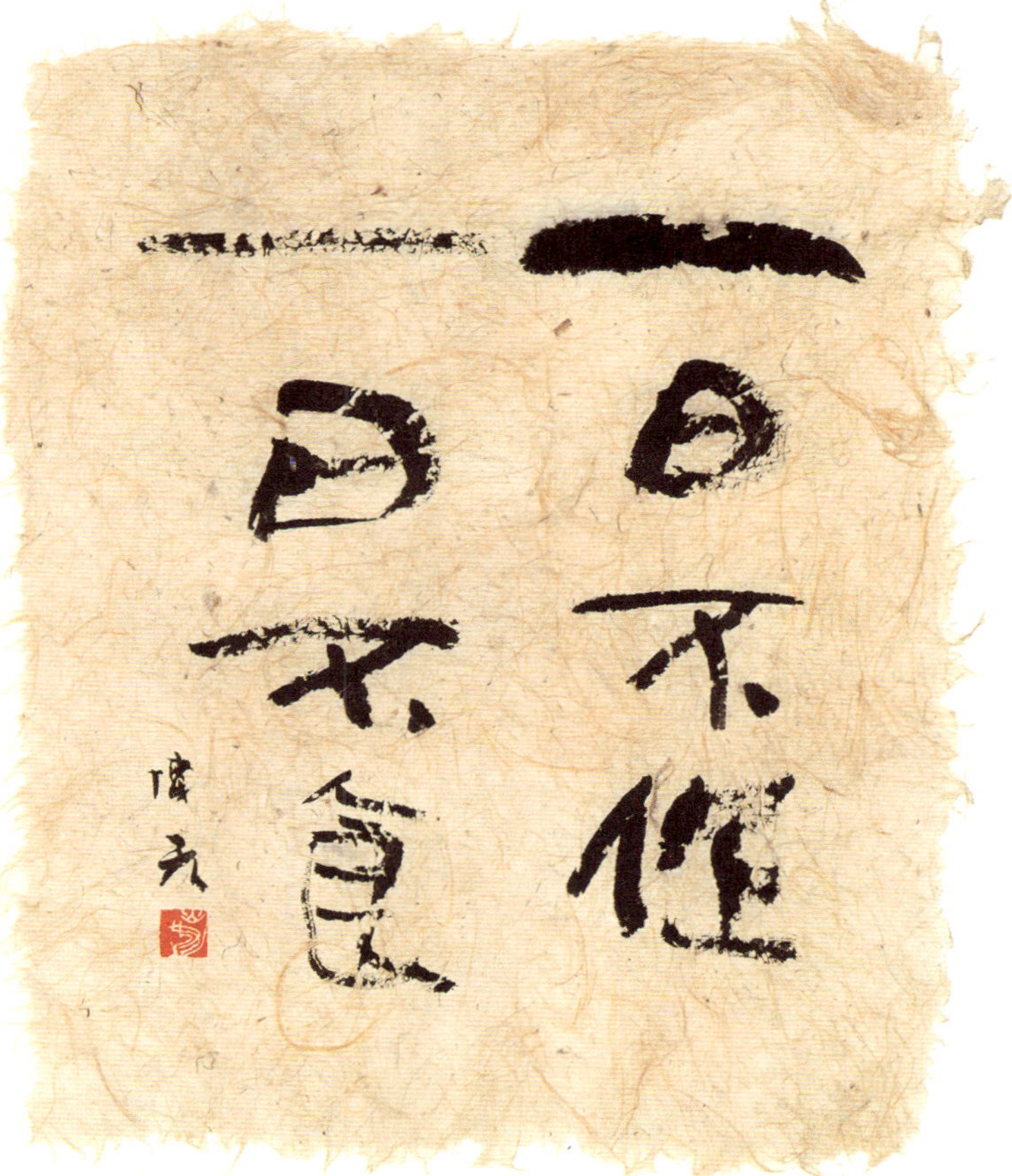

44 × 35 cm

放下着《ほうげじゃく》　なんだって捨ててしまいなさい

捨ててしまいなさい、という意味です。

禅の言葉は徹底的に言い切ります。「捨てるものがない」なんて言うと、捨てるものがないというそのことさえ捨ててしまえ！　と。

名刺の肩書きが捨てられますか？　妻という立場が捨てられますか？　学歴が捨てられますか？　貯金が捨てられますか？　二十種類もの薬を毎日服用していた友人が、全てやめてしまったら健康になったという話には驚かされましたが、納得もしました。

捨ててこそ、本来の立場がくっきりと浮かび上がってきます。荷物もおしゃれも保険も持たずに旅に出るということは、旅の目的をはっきりとさせます。その身軽さ、爽快さを味わってみてください。

捨てても生きられる人こそ本物。すっぴんのあなたが素敵だと信じて欲しい。

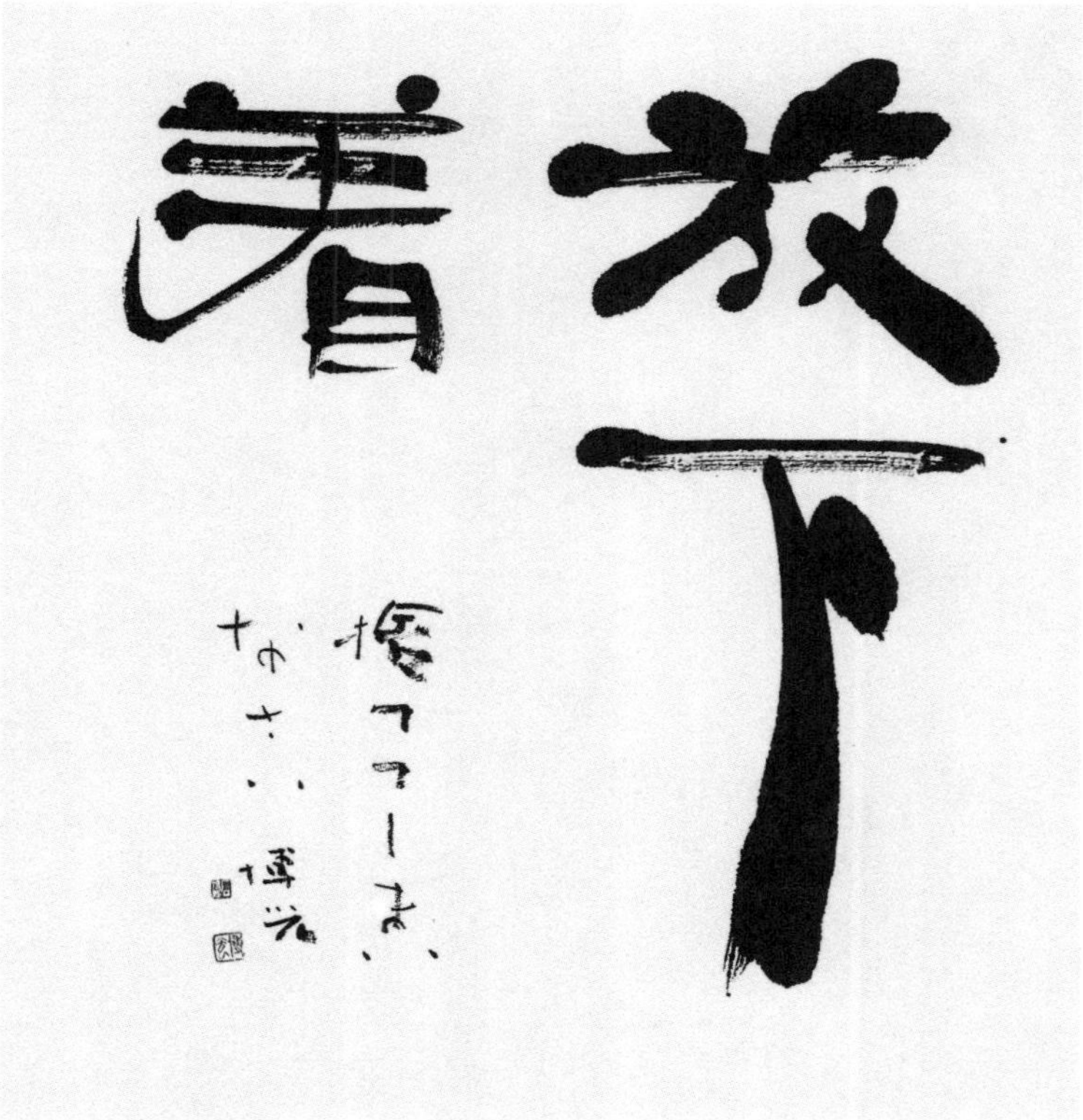

38 × 35 cm

和《わ》敬《けい》清《せい》寂《じゃく》

相手を敬えば和になれるのだけど

キュウリとしらすの和え物は、それぞれの味が引き立って美味しいけれど、これをミキサーにかけてどろどろのジュースにしてしまったら、どちらの味も死んでしまう。キュウリとしらすは、それぞれの個性はそのままで一緒に小鉢にいてくれるのが平和です。

仲良しでいるということは、自分を相手に合わせていればいいというものではなく、自分という個性をそのまま

24 × 25 cm

に、相手の個性もそのまま認めて一緒に過ごすということ。これが「和」です。人間が同じでなければ仲良くできないのではありません。同じでないからこそ、1＋1＝2以上になる可能性もあるのです。だから、「あの人は自分とは違う」と思えば思うほど、近づいて声をかけてごらんなさい。人との出会いがあなたを豊かにするはずです。

和でいるコツは相手を敬うこと。その結果、居心地のよい清々しい関係が出来ます。

無《む》功《く》徳《どく》

善い行いをいいふらすな

善い行いとは不思議なもの。人知れず行っていると、自分の心が「無心」に慣れていきます。善い行いは心を静かに満たしてくれます。

善い行いをした報いを功徳と言いますが、下心あっての行いには功徳はありません。功徳を重ねることは功徳を重ねていないことと同じだと、無心で行うことが肝心なのです。だから功徳は無功徳。ともすれば何もしなかったかもしれないその瞬間を、善い行いに向かわせてくれたチャンスに感謝。

善い行いは、両刃の剣でもあります。なぜなら、善い行いに打算があって、人に知らせたり、見返りを求めたりすればいっぺんに色褪せ、功徳ではなくなってしまいます。命を救ったことも、席を空けたことも、誰にも知らせず、黙ってやりましょう。そうすることで、あなたの今日からの善い行いは、清々しい無心を得ることができます。

33 × 34 cm

知《ち》足《そく》

何もかも足りてるでしょ？ すぐに気づいて

足るを知る。私は幸せだ。満ち足りているから、これ以上もっと欲しいとは思わない。これで充分満足だ。こんな感じでしょうか。こんな風に言うと、随分お金持ちの贅沢な暮らしをしている人のセリフのように聞こえますが、それが違う。少しの「足りる」で満足していることを言っています。

足りていないと思っている方に言いたい。本当に足りていませんか。足りていると感じられたら、あなたはすぐに幸福になれるのに。

「武士は食わねど高楊子」とは違います。我慢するのではないのです。足りていることに気づく「知足」。ラク〜な気持ちで幸せを感じられる方法でもあるのです。贅沢に切りがない人は弱い。ほんのちょっとで満足できる人は柔軟でパワフルです。

足るを知る人は幸福に最も近い人なんですよ。

方外君よ次む其れ
足るを知れば心自ずから なり
良寛

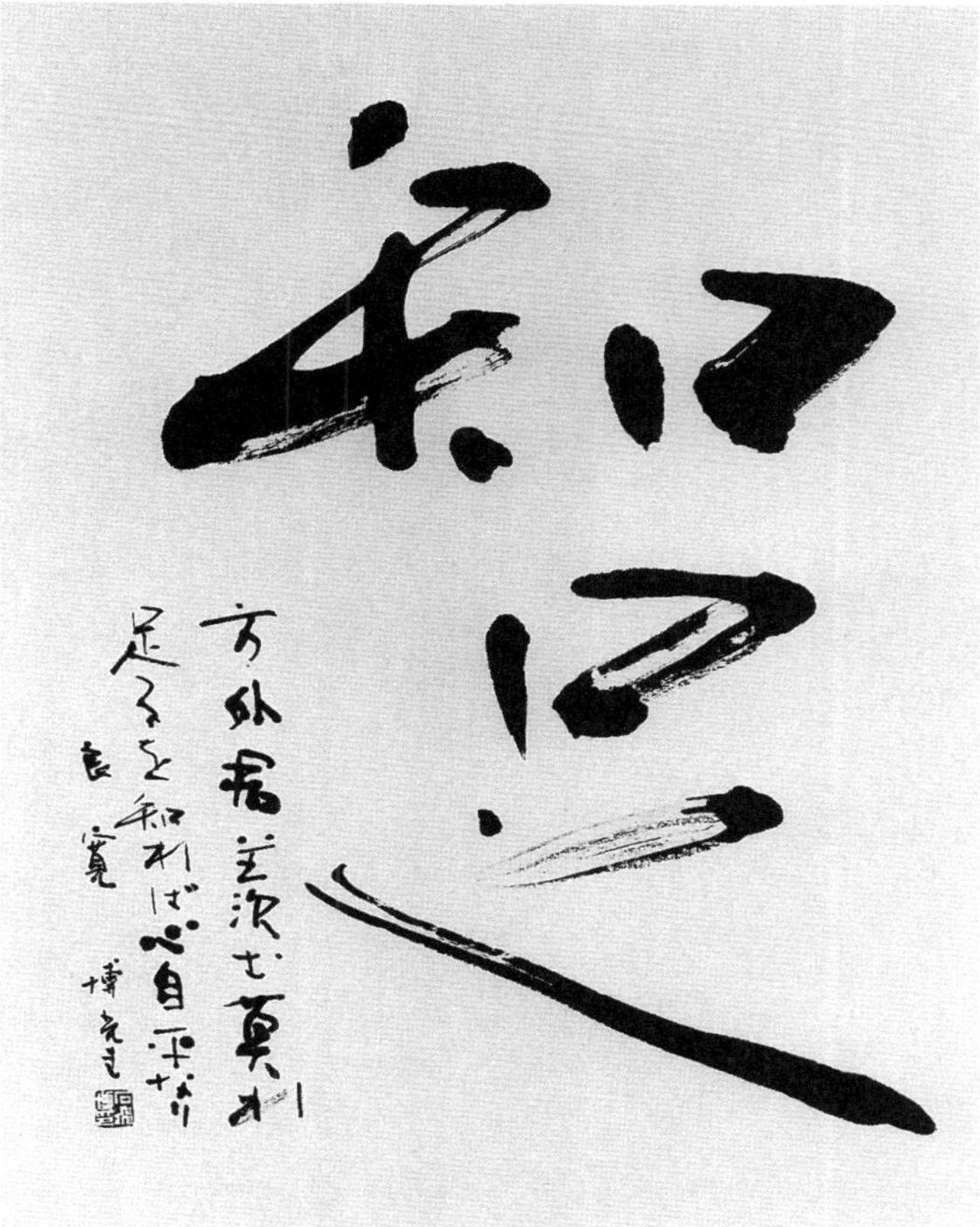

47 × 35 cm

和《わ》光《こう》同《どう》塵《じん》

自分が立派なことを隠す

クリスマスイブ。少年が、ボロを着たホームレスのおじいさんに親切にしたら、次の日夢が叶っていた……。その人は、実は神さまだったのです！ そんなクリスマス映画がありました。仏さまも同じことをされます。そのまま俗世に登場したのでは才智の輝きでみんなびっくり、バレてしまいます。だからその光を和らげて隠し、塵や埃で汚れた世間に混じって人々を救済する。これを「和光同塵」といいます。

水戸黄門にしても、暴れん坊将軍にしても、街の中に出ると一般人よりとても謙虚でおとなしい。皆を救済しようとするような慈悲の心は、まず自分の智徳を見せびらかさず立派なところを隠すことからはじまります。これを「和光」というのです。

危ないところを助けてくれた青年が、名前を名乗らず立ち去るシーンもよく見ます。「和光」の心は世界各地でちょっといい話を生んでいるようです。

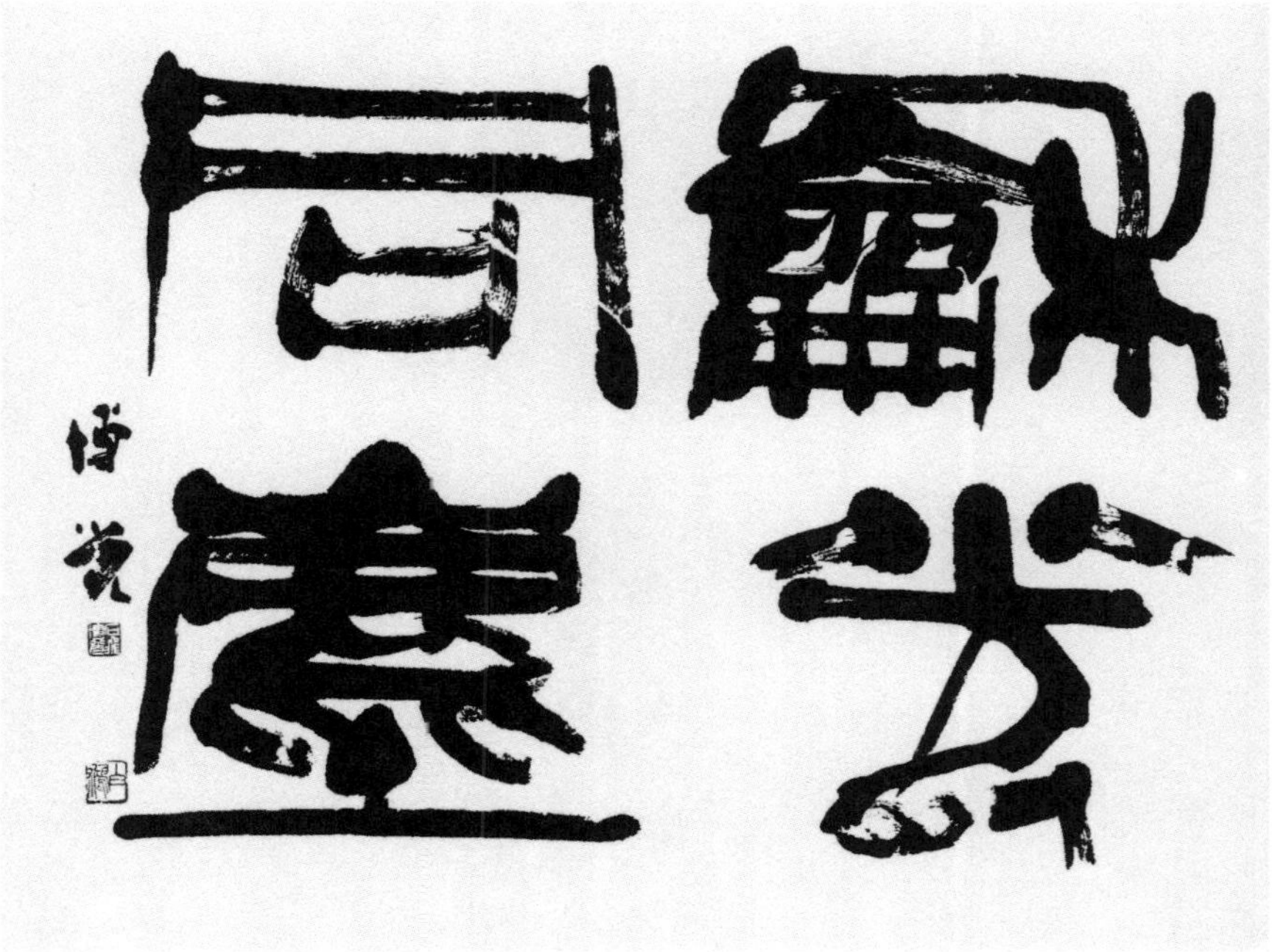

35 × 46 cm

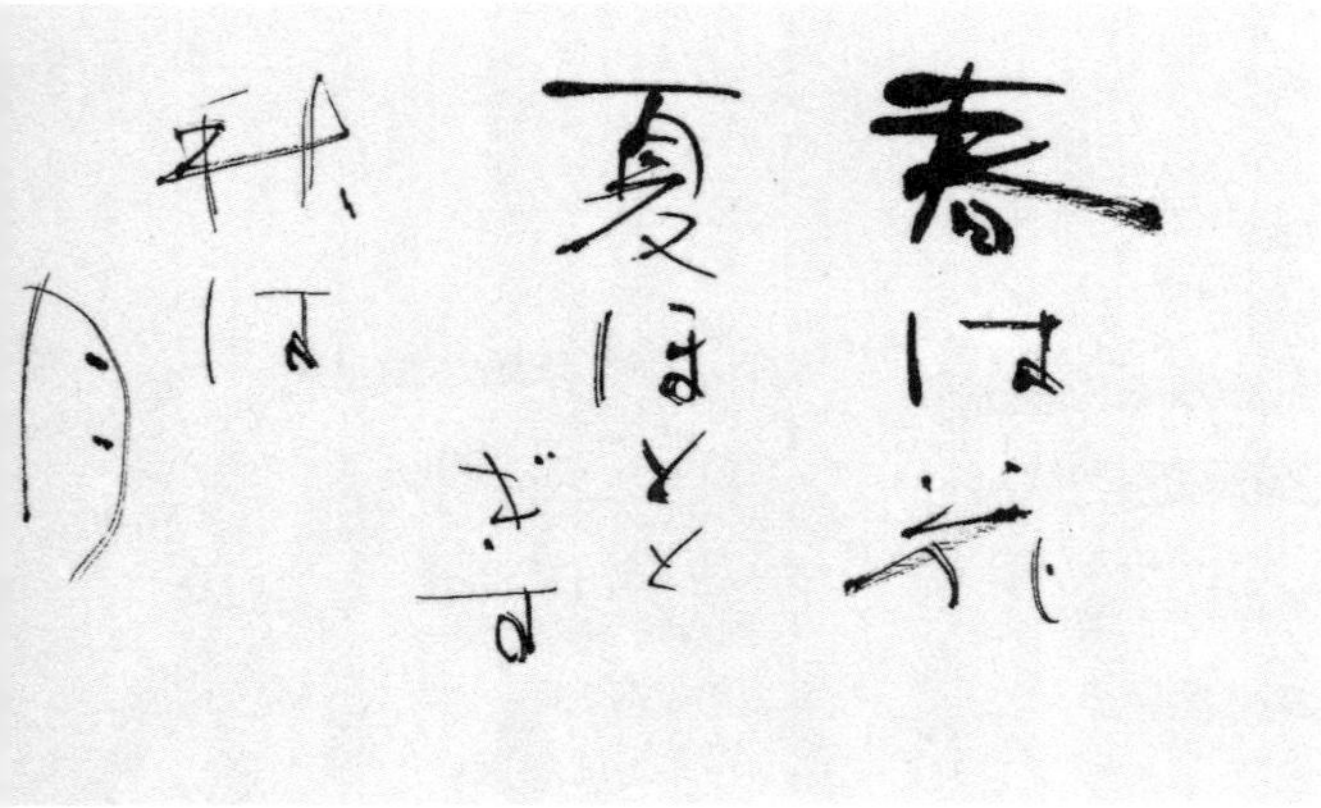

春《はる》は花《はな》　夏《なつ》ほととぎす　秋《あき》は月《つき》　冬《ふゆ》雪《ゆき》さえてすずしかりけり

あなたは誰？　何がしたい人？

美しい自然の光景を歌いながら、物事の本来の姿というものを思い起こさせる道元禅師の言葉です。

この句を借りて、本当のあなたを引き出してみましょう。

春は花で夏がほととぎすなら、あなたは何？　あなたは何をしたい人？　あなたはどんなことが好きな人？　あなたはどんなことに感動する人？　あなたは何が嫌いな人？

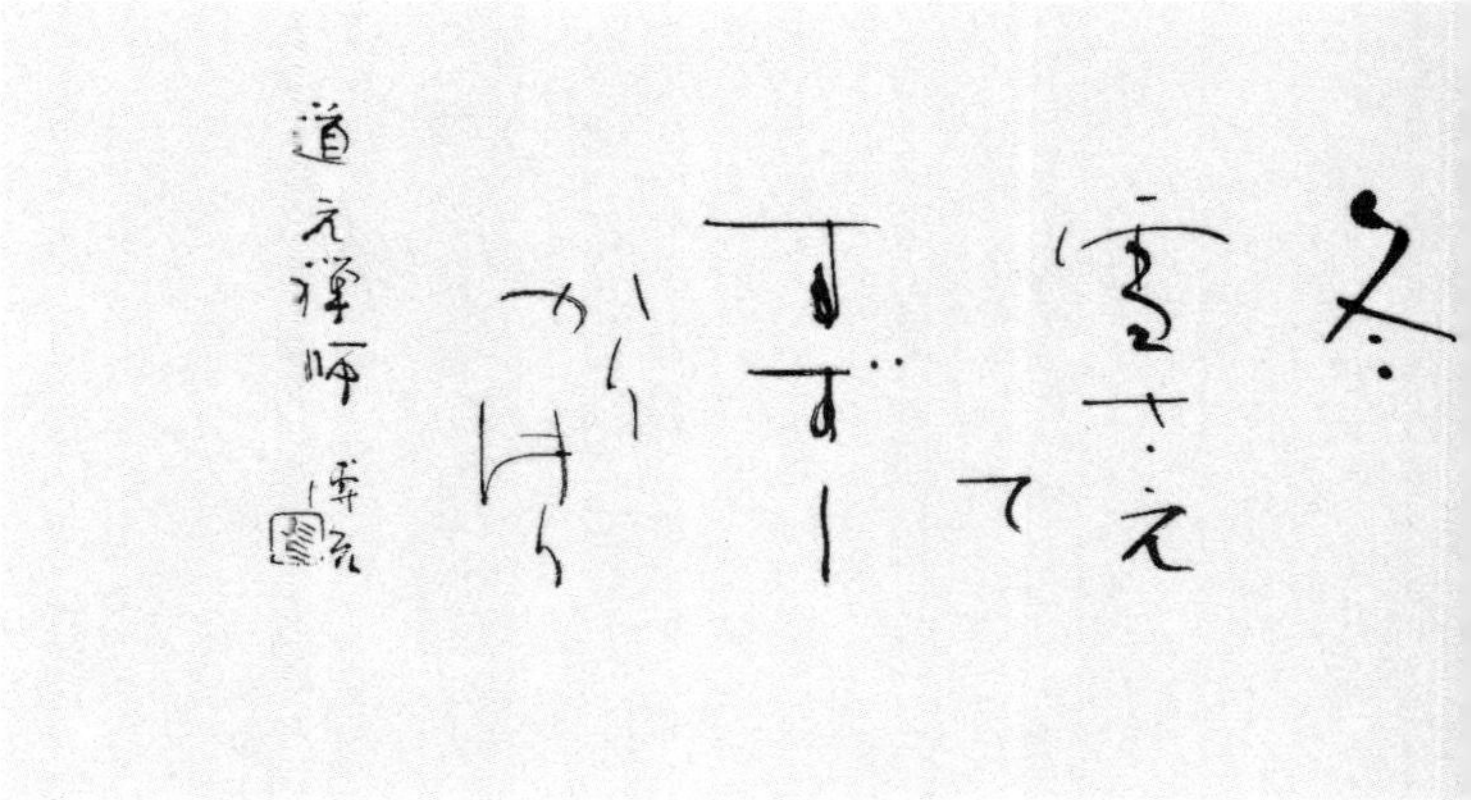

26 × 97 cm

答えられますか？　答えられた人は本来の自分の姿を知っている人。答えられない人は、自分の本当の姿をもう一度よく観察したほうがいいですね。自分というものを見失って誤魔化しながら過ごしていると、好きなものにも出会うチャンスを失います。

春は花であるように、夏はほととぎすであるように、自分のことに関して自然な本来の姿というものを知っていてこそ、人生の次のステップに進むことができます。

無常迅速《むじょうじんそく》

人生はあっという間だから

人生はあっという間という意味。あっという間ですよ。本当にわかってますか？　だから時間を無駄にしたくない。一瞬一瞬を無意識にやり過ごさない。怠惰に過ごさない。時は待ってくれません。

無駄な時間を過ごしたなあ、と思った時が何度かあるでしょう。それはどんな時でしたか？　気持ちが散漫で、あれよあれよという間に時間がたってしまった時。何をすべきか考えあぐねて思いが定まらぬ間に時間がたってしまった時。たいていのことは何かの役に立つか、教訓にはなっているはずですが、向かう方向の決まっていない時間はとかく無駄な時間と感じます。さらに、自由を奪われた時間も無駄になる。自分らしくなく過ごした時間はカラッポです。

いつも心の中の「正直な自分」に、問いかけながら進むのが時間を無駄にしないコツ。

28 × 25 cm

一《いち》行《ぎょう》三《ざん》昧《まい》

なんでもいいから一つのことに邁進する

禅の修行といえば坐禅。自分と向き合い、心の安定を得られる坐禅に集中することはもちろん「一行三昧」です。一つのことに精神を統一して邁進する。それを「一行三昧」といいます。

しかし、寺で行うような修行アイテムだけではありません。坐禅をしなくても、日常生活の全てに際して心が素直で純真でいられたら、それもまた「一行三昧」なのです。寝たり起きたり、どこにいても、どんな環境でも、「一行三昧」することでそこが極

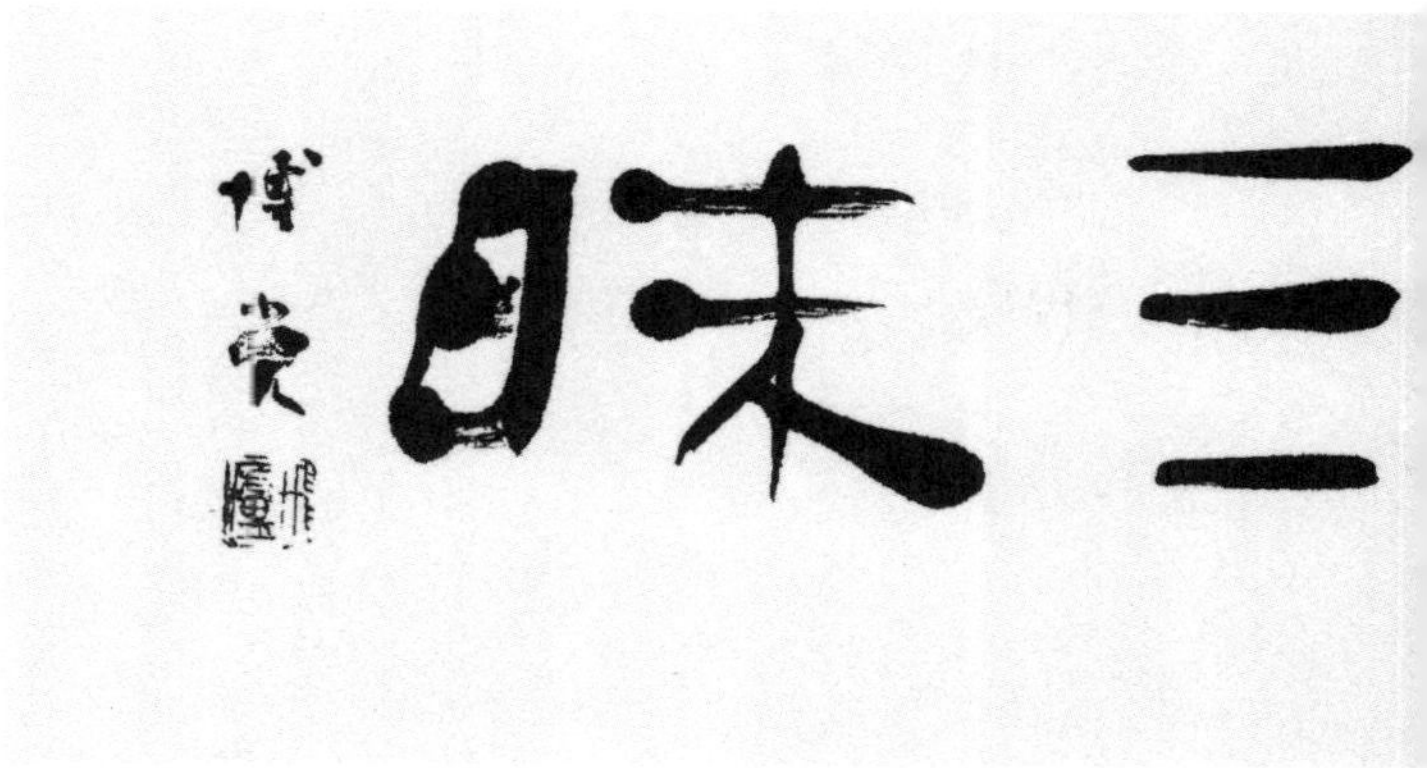

25 × 97 cm

楽浄土になります。

あなたにとって、どこにいる時が「一行三昧」しやすいですか？　あなたにとって何をしている時が「一行三昧」に近づけますか？

茶の湯の手前に無心になっている時。掃除をしている時。畑仕事をしている時。

あなただけの「一行三昧」への入口を探しておくこと、ぜひおすすめします。

二、心だけであなたを動かせる

遍界不曾蔵《へんかいかつてかくさず》

よく見れば見えます、真実

世の中は何かを隠したりしていない。真実は隠されているのではなく、全てあなたのまわりに現われている、という意味です。

だから、真実を知りたかったら、よく見る、よく感じることです。

それにはよく見える目を養うこと。よく感じる心を養うことです。

目が曇っていたり、心が閉ざされているから、真実が見えないだけなのです。真実は何も隠すことなくあけっぴろげにそこにある。

「顔に書いてある」、「おどおどしている」、「目の奥が笑っている」なんていうあまり科学的でない表現も、実は隠すことのできない真実を表わしているのかもしれません。

「地球が悲鳴をあげている」、「海が泣いている」。自然こそ何も隠さず全てを見せているのでしょう、見えるか見えないかは人間次第。

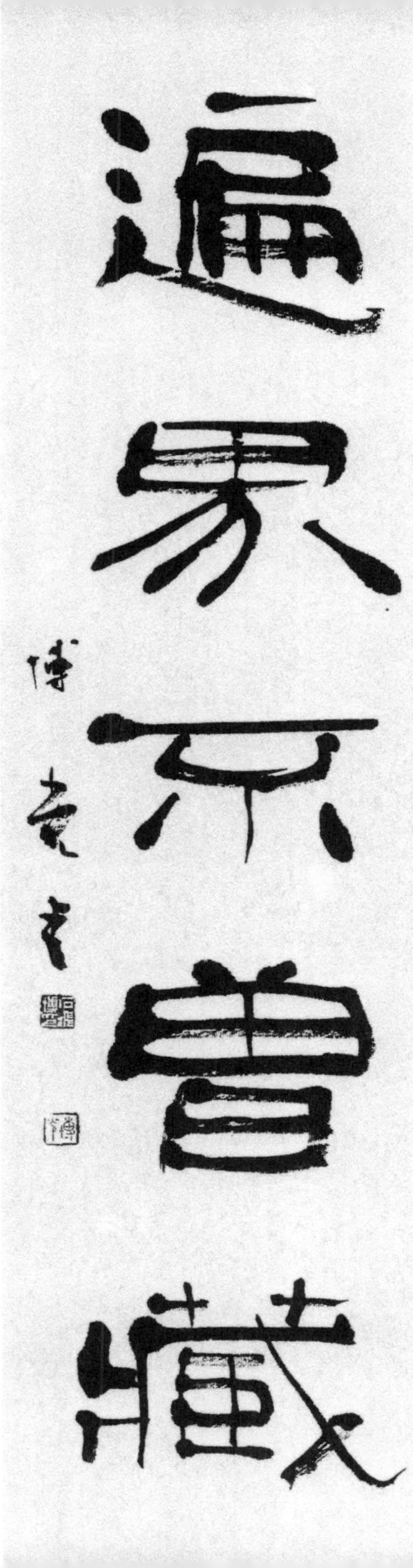

68 × 17 cm

愛《あい》心《しん》

愛する心にもいろいろあります

愛別離苦というのは、愛するものとはいつか辛い別れの時が来るということです。愛する心は煩悩の最たるものだから、仏道修行では断てとか捨てろと言われます。親愛の心や愛し敬うこと、慈愛といえばその限りではないので、差別を生む愛を敬遠しているのです。愛する人ができると、愛さない人と区別をするようになるということです。

24 × 54 cm

人を愛したとたんに執着がはじまります。愛する人を失いたくない、愛する人と一緒にいたい。他の人が邪魔になる。皆さん、覚えがあるでしょう。

亡くなった夫が妻への愛を捨てられずにいたが、妻も亡くなった夫への愛を断ち切れずに悲しんでいた。亡夫は僧から「妻のために愛心を断て」と諭されてその通りにし、極楽浄土に行ったという話が伝えられます。

愛する人のために「愛心」を捨てる。執着しないとはそんな境地も生むのです。

老婆心《ろうばしん》

若い人も男の人も、老婆の心になれます

老婆と呼べるような人がすっかりいなくなりました。今どきのおばあさんはモダンで美しい。むしろ刻まれた皺の迫力に欠けて、寂しい気さえします。

老婆には懐の深さがあります。その根源は「老婆心」です。

おばあさんが孫を愛して世話をやくような、先まわりした親切心のことです。

相手が誰であろうと真心から湧いてくる親切は、グローバルに発揮されます。その人が敵であろうと、お腹をすかせていたら、おむすびを与えることのできる親切心。

不安げな道行く人に自然に声をかけてあげたり、いつの間にか草むしりをしていたり、もう相手がいないのに手を合わせて感謝しているおばあさんを見かけることもあります。

トゲのある社会の隙間をやさしく埋めてくれる存在。

「老婆心」なら社会のキズ口をふさげます。「老婆心」は若くても男でも持てます。

47 × 28 cm

回《え》光《こう》返《へん》照《しょう》

世間を気にしないで。あなたの実力を見て

レストランを開こうと思った人がいました。まず、日本全国どんな店が流行っているのかをくまなく調べました。珍しい食材をどこから入手するのかも聞いてきました。近所の店のメニューも研究しました。知りたいこと、調べたいことは次々に出てきました。不眠不休で調べました。従業員も他の店から引き抜いてきました。

ある日、従業員に聞かれてハッとしました。

「シェフの得意料理は何ですか？」

「回光返照」とは、外に向かって探究しようとする心を、自分の内側に向け返して自分を照らすことを言います。明るく照らせば真実の自分が現われます。

こうして現われた自分に取り組んでください。あなたの本来の力を発揮させるのです。

流行やものまねの店でなく、腕自慢の料理を出す店に行ってみたいですね。

34 × 35 cm

廓《かく》然《ねん》無《む》聖《しょう》

雲一つない空を想像してください

聖という字は宗教的に価値があることを指します。ちなみに仏教に限らずキリスト教でも聖マリアなどと書き、神の声を聞くことの出来る人を聖人と呼ぶようです。廓然とはカラッと晴れた雲一つない空のこと。何もないことをもっと強調して、ついには「聖」も無いんだよと念を押している言葉が「廓然無聖」です。

この「廓然無聖」という状態が仏教の教えの根本。一番大切なことなのです。修行は何かを手に入れるのではなく、何もいらない何も持たない状態を得るのです。

「廓然無聖」は仏教の最高の到達点ですから、せめてイメージトレーニング。目をつむって高く青く澄み切った空を想像してください。そこにあなたを悩ますもの、悩ます人、悩ます事が雲のようにポッカリ浮かんできたら、一つずつ消してください。煩悩や自慢や悩みのない心境になる才能は誰にも備わっています。

35 × 47 cm

他不是吾《たはこれわれにあらず》

邪魔しないで！　私が思った時に思ったことを！

人は親切でおせっかい。いろんなことを言ってくれます。

「あなたがそんなことをすることないわ。誰かもっと若い人にやってもらいなさいよ」

「炎天下で庭掃除なんかして！　もっと涼しくなってからにすればいいのに」

あなたは「自分がやろう！」と決心して始めたはず。そして、今やらなきゃだめなんだと思った瞬間があったはず。だから、そんな周囲の甘いささやきや助言にいちいち耳を貸さなくてもいいのですよ。あなたがやろうとしたそれこそがあなたの仕事なのです。

あなたの決心が、あなたを活かす仕事を決める。他の人ではない、あなたが行うべき仕事。そして、あなたがとりかかった時が、その仕事の旬なのです。

あなたが今やるべきことは、あなた自身が知っている。

さあ、始めてください。自分が思った通りに。

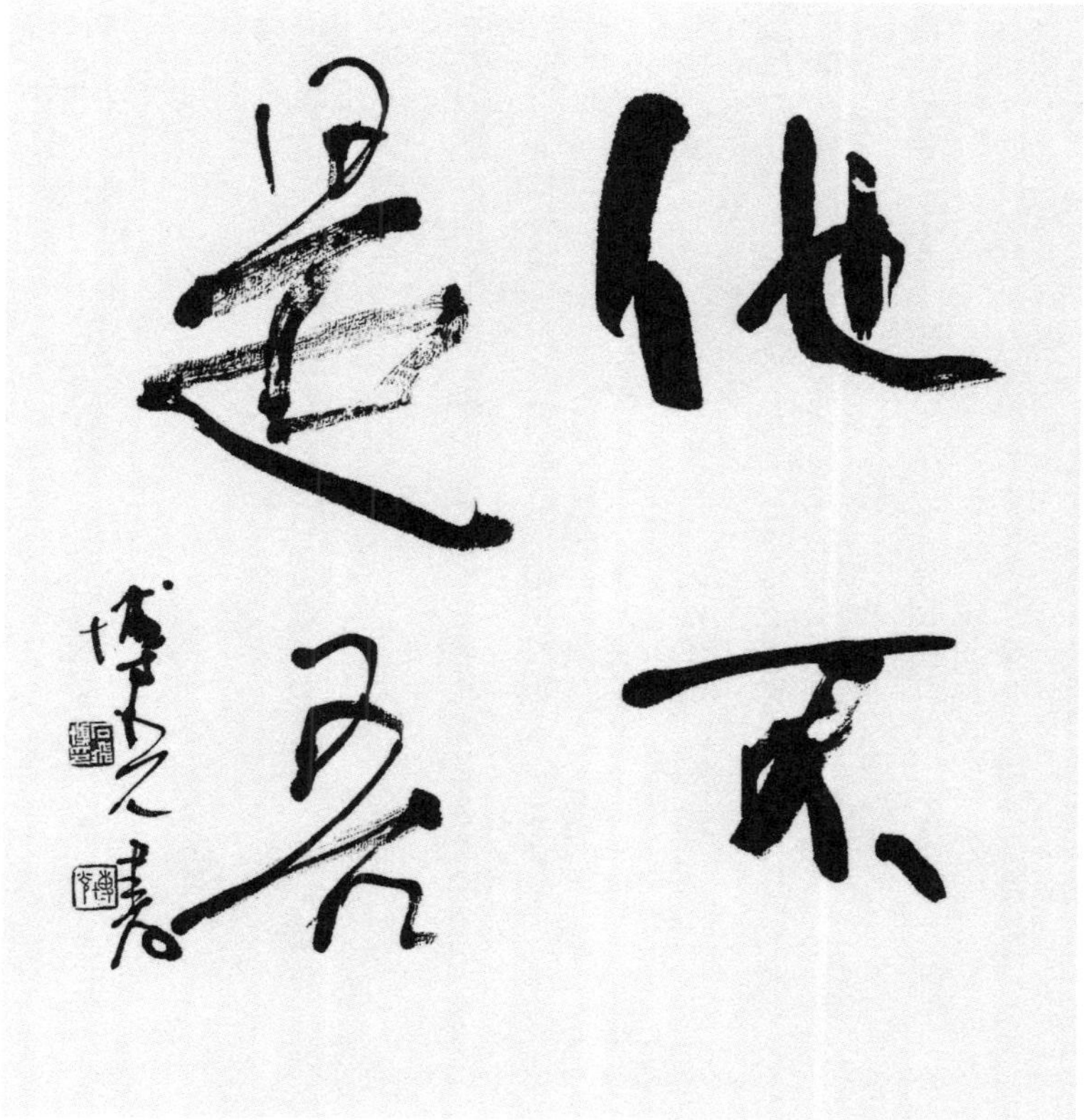

36 × 35 cm

本《ほん》来《らい》無《む》一《いち》物《もつ》

心を曇らせているのはあなたの妄想

もやもやとした心のつっかえが、スカッと晴れたらどんなに気持ちがいいでしょう。夢中で何かに熱中して、「何もかも忘れた」瞬間だけでもフッとそんな気持ちを味わうことがありませんか。悩んでいたことも忘れてしまう時。でもそれでは根本からの解決になっていませんね。お酒でまぎらわしているのと同じ。覚めたら元通り。

では、心を曇らせない方法とは。それは「本来無一物」、つまりもともと何も無いのだと知ることです。

あなたの心がそわそわ、もやもやしている時、それはあなたが何かを恐れていたり、何かを恨んでいたり、何かを悲しんでいる時のはず。その気持ちにそおっと近づいてよく見てごらんなさい。あなたの心はあなたが自分で作った何ものかに捕われていませんか。あなた自身が作った雲の数々に青空を奪われてしまいませんように。

97×26cm

喝《かつ》

自分にも言ってみますか

叱りつける時や迷いや妄想を断ち切る時に使います。「ごちゃごちゃ考えていないでさっさと起きろっ！」という感じですが、とにかく意味より音の迫力で起こされます。理屈を振り回しても何も解決できない。ますます渾沌とするばかりです。しかし、いろいろな人の考えを聞いてみるのも大切で、調査も必要かもしれません。時にはグチを聞いてあげるのもいいでしょう、まとまっていない考えをブレインストーミングするのもいいでしょう。でも、仕上げは「喝！」です。

「喝」はとにかく大声で。言う側にこそ覚悟がいります。

中国の唐の時代には、三日間耳が聞こえなくなり、目まで霞んだという歴史的大声の「喝」が伝えられているほどです。この「かっ！」という音で、悟りを開くことがあるのです。禅の修行の独特の手段ですが、妄想のスパイラルに入った時は自分にも一喝。

29 × 27 cm

一《いち》期《ご》一《いち》会《え》

人には丁寧に逢ってこそ

今日でお別れ、というわけではありませんが、今日の素晴らしい出会いも、この一回きりかもしれない、もう一生会えないかもしれないと思って接するのが「一期一会」。

この出会いは二度とないと思えば、出会いを大切に、心からもてなしたい。たとえ同じ人に再び会えたとしても、同じシチュエーションや、同じ関係、同じ心境で会えることなどないのです。だから厳密には人は毎日が「一期一会」なのです。

人とだけではなく、今日の自分との出会いとか、今日の景色、今日という日との出会いにも置き換えることが出来ます。茶会の時だけ思い出す言葉ではないのです。

人との出会いというのはこのくらい精神を集中して丁寧に、大切に、誠意で接すると、実は日常でも喜びと充実感が満ちてくるから不思議。

ぜひ今日から実践を。

48 × 19 cm

主人公《しゅじんこう》　あなたの中にいるもう一人のあなた

あなたの中に、あなたという主人公がいます。

その主人公はもう一人のあなた。でもその人は、ふだんのあなたより自由で純粋で優しい。つまり、その主人公は本来の真実のあなたなんです。この主人公があなたの中にいることに、まず目覚めてください。いや、主人公の目を覚まさせるのです。

次に、その主人公に呼びかけてください。「主人公!」と呼びかけても、あなた自身の名前でもいいです。返事もあなたがすることになりますがね。

この主人公は純粋な本来のあなたですから、あなたが世間を気にしていろいろと無理をしたり、妄想で曇った心や騙されそうになっていることなど一目瞭然でお見通しです。だから二人で話し合ってください。これからは相談しながら二人一緒に歩む。

励み励まされ、警告し案じて歩むのです。二人で生きてこそ心豊かです。

44 × 28 cm

惺《せい》々《せい》着《じゃく》

目を覚ませ！

目を覚ませ、という意味です。

禅の言葉ですから、「心を目覚めさせよ」ということでもあります。ただ目を開いていればいいというものではないのです。ドラマでも日常でも「目を覚ましなさい！」なんていうセリフは、だいたいがやるべきことを投げすてて遊びに興じるとか、禁断の恋に走るとか、人に騙されたり浪費にのめりこんでいる場面で使われますね。あれと同じ。はっきり目を覚ましていろ、自分を見失うな、ということです。

毎日毎日が、まるで目をつむっても出来るような同じことの繰り返しで過ごしてしまっていたらなおのこと、今こそはっきりと目を開いて自分の行いを見直してみてください。鏡を見ながら惺々着！と言って、「ハイ！」と自分で答えるのもお勧めです。目覚めたあなたはきっとイキイキとして輝いているはずです。

45 × 27 cm

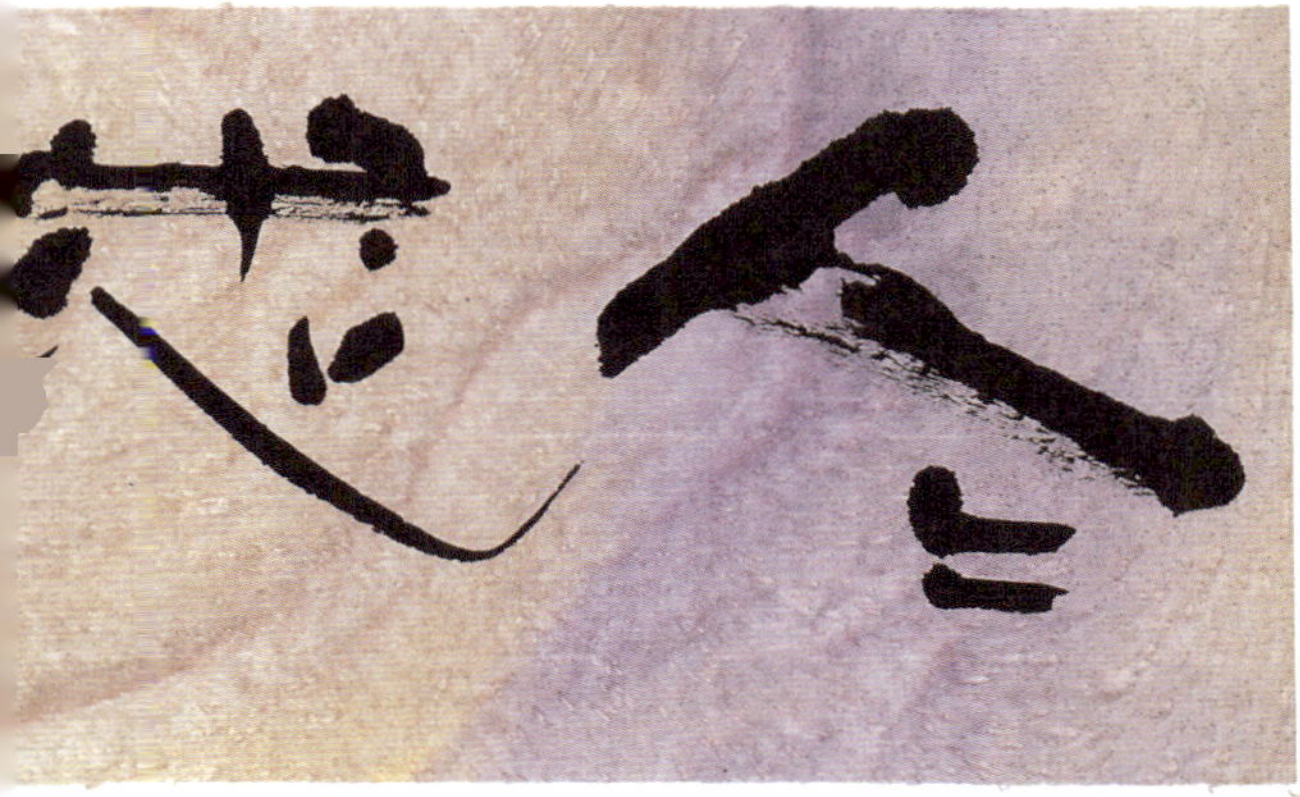

人人悉道器《にんにんことごとくどうきなり》

人間讃歌。自信をもって

「この世に生まれた人は誰でも道を極める可能性を兼ね備えている」という意味です。

そう、道を極める「努力」をすることによって、もともと備わっている可能性が開くというのです。

道元禅師は、人が皆仏の子なら、最初から何も修行することはないじゃないか、という問いに、「精進」という答えをみつけました。仏の子であっても無心で努力をしなければ、道を進み完成させることはできないというものです。

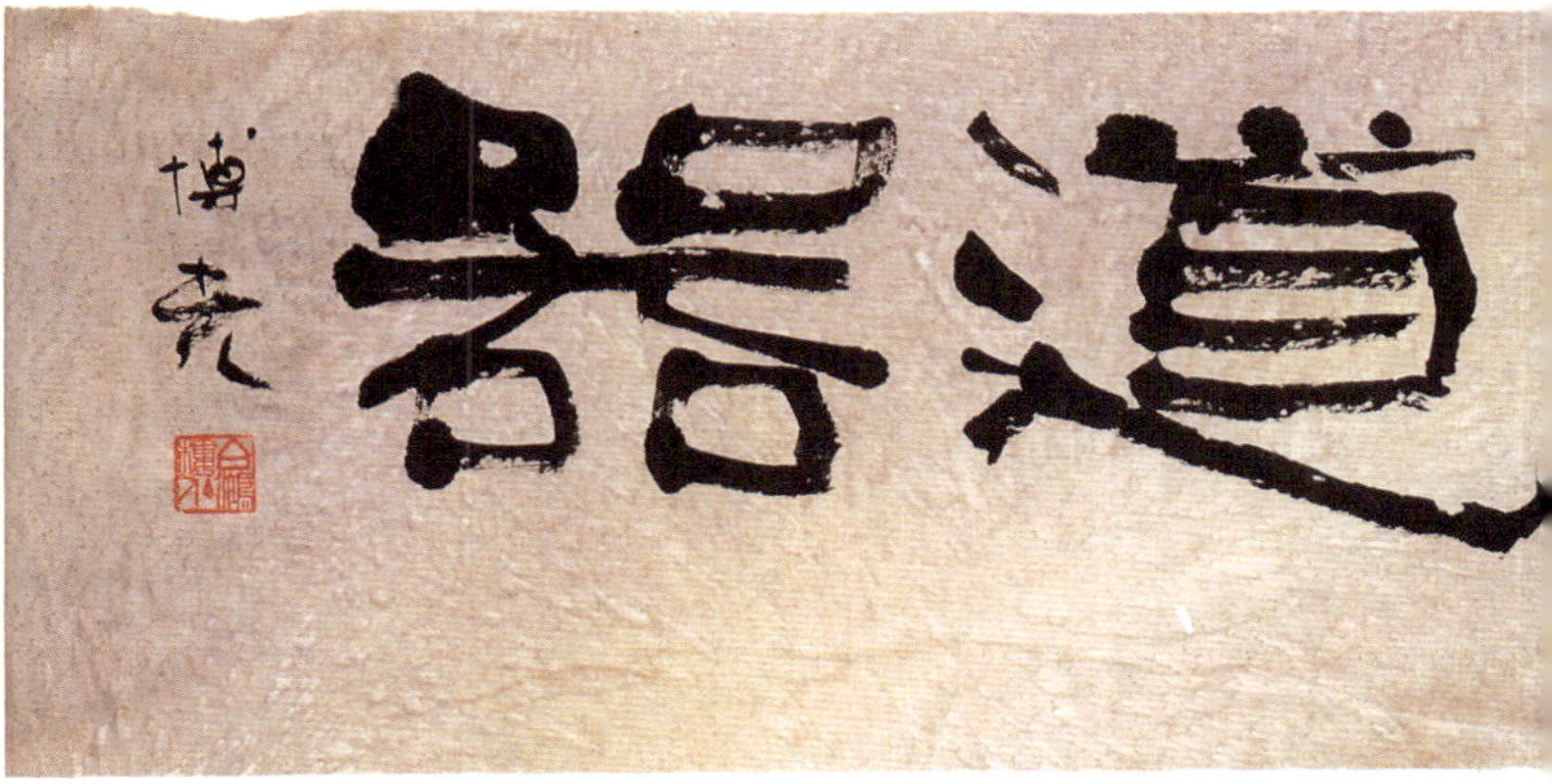

19 × 70 cm

努力すれば豊かに開ける道。そんな道が見つかったら、どんなに爽快に生きられるでしょう。その「道」と、完成される「器」は、もともと生まれた時からあなたの中に備わっているのです。あなたの努力は素晴らしい「道器」となる。あなたは、あなたの精進によって輝かすことができる神秘を持っているのです。

夢《ゆめ》

目覚めたらはかなく消える夢で勉強

眠って見る夢のことです。

目覚めれば、はかなく消えてしまう夢の世界。そして、世の中全ては夢のようなものだと感じ取ってください。一回きりの現実の人生は、まるで夢のよう。この世の中と現実の命は、永遠ではないのです。だから消えてしまう夢と同じ。

だからこそ眠って見るはかない「夢」は、私たちに真剣に生きることを思い起こさせてくれます。

夢の中は幻想や妄想の世界。でも夢は覚めれば全てを白紙にしてしまいます。もともと何もないところで、目をつむって見る夢は、自分の頭で考えられる範囲の妄想。夢から覚める勇気を持つ経験は皆さんお持ちですね。

この世はすべてが夢。だから思いっきり生きぬいてください。

37 × 27 cm

両忘《りょうぼう》

心に静寂が得られる方法

生死を忘れる。貧富を忘れる。苦楽を忘れる。二元的な考え方をやめることです。生きている時に「死んだらどうしよう」とくよくよ考えていないで、生きることに徹すると、死を忘れることが出来ます。さらに、死ぬことも生きていることも両方とも忘れると、心に静寂が得られます。

「あの人は私を愛しているのか、愛していないのか」。そういう風に白黒どちらかと考えれば心はざわめきます。なぜそんなことを考えなければいけませんか？　白黒はっきりさせなければ気がすみませんか？　もし、愛していないという結論が出ても満足ですか？　あなたが愛しているなら愛することに徹すればいい。

愛しているか、愛していないかの両方を忘れて、ただ見つめ合ったらいかが。

白か黒かと考え始めてしまうと、美しい灰色も忘れてしまいます。

31 × 24 cm

拈《ねん》華《げ》微《み》笑《しょう》

目は口ほどにものをいい

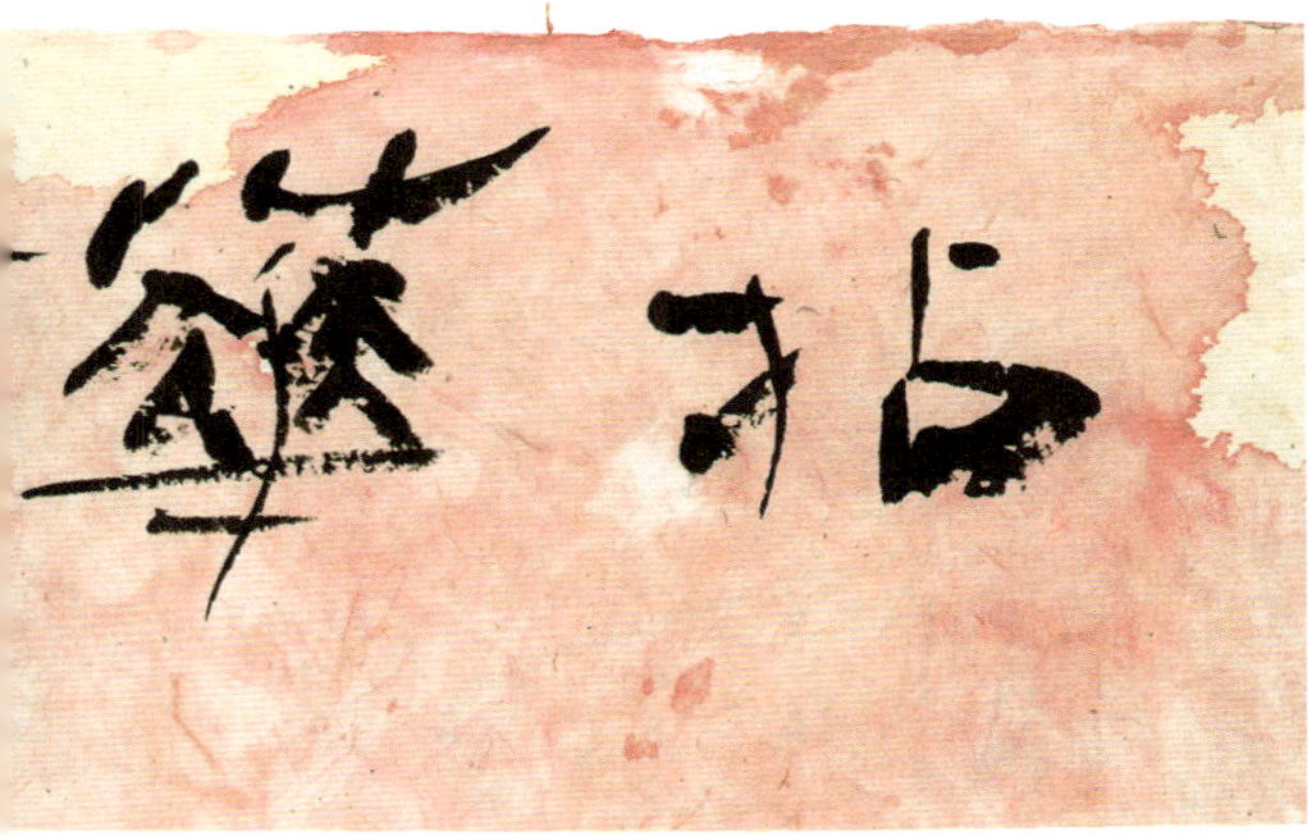

花を手でつまむことを「拈華」といいます。花を手でつまみ、微笑む。

なんて優雅な光景でしょう。

大切な何かを伝える時に、言葉を探し、熱弁を揮うかわりに、拈華微笑してその花を相手に静かに差し出す。これだけで伝わる「何か」があります。

この言葉は、花そのものに意味があるということではありません。

相手の心に伝えたいことは、むしろ言葉で伝え

20 × 73 cm

ることのできないものがあるということです。手に持った一輪の花と微笑み、それだけが伝達できるものがあるはずです。

無言の中に伝わるものがある。暗黙知。「目は口ほどにものをいい」と言いますが、心の目は真実を語るのです。

饒舌より伝わる拈華微笑。微笑は愛も伝えます。

莫《まく》妄《もう》想《そう》

自分で心配の迷路を作っている人へ

わざわざ心配の種を探していること、ありませんか？

過ぎたことをいつまでもくよくよ考えてため息をついている人。これから先のまだ見ぬことを思い悩んでいる人。その悩みは「妄想」のしわざです。現実に起きてもいないことをあれこれと頭の中に組み立てて、そのありもしないことに自ら捕われてしまう。

それが妄想の力。抵抗しないでいると、あっという間にあなたを蝕んでしまいます。やる気もなくなり、ものごとを素直に捕えることもできなくなってしまう。

そんな自分に気づいた時は、「莫妄想！」と叫びましょう。妄想することなかれ。悩んだ時は、あなたが育ててしまったその「妄想ストーリー」に気づいてください。そして、無垢な気持ちで現実だけを見てみましょう。

頭の中に心配の迷路を作って自分から迷いこむなんて、ナンセンス！

23 × 34 cm

曹源一滴水《そうげんのいってきすい》

一滴の水が大河となる可能性

一滴の水が山から流れると、そこに小川を作り大河となってやがて天下を潤す。日本にあるたくさんの禅の宗派をたどると、中国・曹溪の上流に住んだ慧能《えのう》禅師（六三八〜七一三。唐の人）にたどりつきます。この川の源流を曹源ということから、今日ここまで広く繁栄した慧能の仏法を「曹源一滴水」といいます。

たった一滴の水が大河となっていく様は、たった一人の説法が、弟子から弟子へと伝承され、やがて世界に伝わり人々を救済する様と重なります。

一滴の水を大切に。一滴だからと粗末にせず、一滴だからといじけることなく、その一滴水は大海の源泉になるかもしれないのです。森の樹木を救うかもしれないのです。

一滴水には、とてつもない可能性がある。

人間一人には、とてつもない可能性がある。繁栄の言葉としてよく書かれます。

69×17cm

非思量《ひしりょう》

身なりを整え、まっすぐ坐り、息を整える

ああでもない、こうでもないと悩んでいる今の心は、どんな状態ですか？不安や怒りに傾いてしまった心のままでは、相手の気持ちを思いやる余裕もなく、到底いい解決方法など思い浮かばないはずです。

そんな時は、まず心をリセットしましょう。つまり、心を「無」にする。坐禅の時と一緒です。それを道元禅師は「非思量」と言って教えてくれました。何も考えるな、大脳を働かせるなというのですから、ちょっと難しそうです。自分の大脳に指令なんて出せますか？

でもご安心あれ。「非思量」となるコツがあります。

まず身体を整える。そして息を整えます。すると自然に「心」が整う。

たったこれだけです。「非思量」自在のあなたは、鬼に金棒。

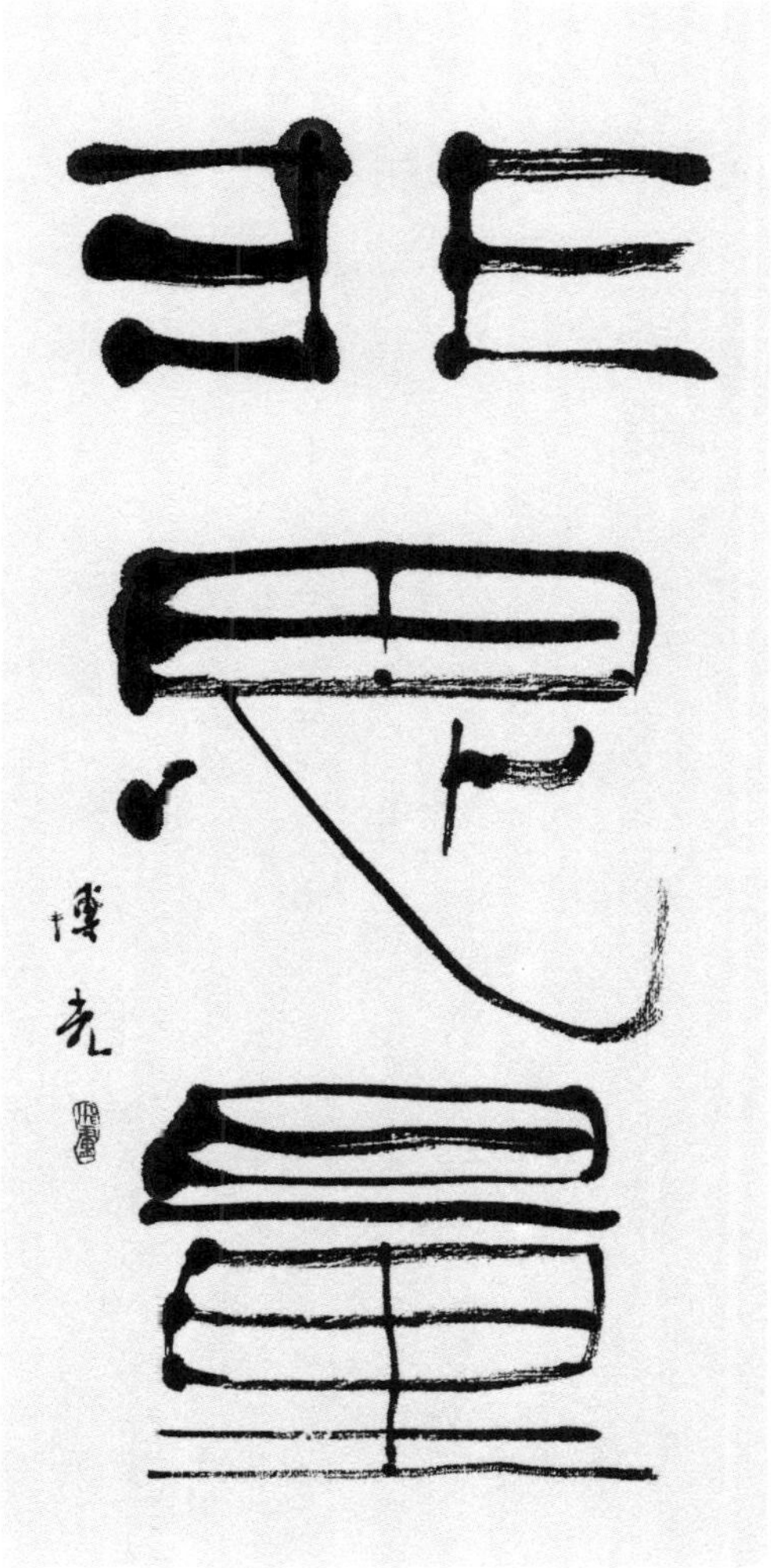

46 × 21 cm

一《いち》円《えん》相《そう》

円満と拡がりの象徴

言葉で伝えるのは難しいことです。だから、絶対的真理を伝えるのに円を描きます。円は、欠ける所も余す所もない完全な円満であり、森羅万象を表わします。始まりもなければ、終わりもない、無限に続く宇宙でもあります。

あなたの中にもこんな円があることを見るたびに思い出してください。この円の中に、円満と拡がりを感じられたら、どんなに素晴らしい気持ちになるでしょう。

しかし、この「一円相」は、あまりにも大きく広く深い意味を有しているので、見る人のその時の気持ちや境遇によって、さまざまな見え方をします。

今日の円は、どんな風に見えますか？　あなたもグイッと円を描いてみませんか？　その日その日で変化するあなたの心が現われるかもしれません。たとえば左頁の石飛さんの円。力強く、がっちり手を結んだ人間味ある円に見えます。

47 × 35 cm

三、言葉では伝わらないことも

白馬入蘆花《はくばろかにいる》

見分けがつかなくても別の人

なぜあなたの意見が通らないのでしょう。なぜあなたの思うようにならないのでしょう。それはたぶん、あなたの説得力が足りないのです。

なぜ説得する力が弱いのか。それは、あなたが相手を自分と同じだと思っているからです。説得する材料集めに手を抜いているんです。同じ屋根の下に暮らしたり、同じものを食べたり、同じ仕事をしているかもしれませんが、あなたと同じ人はいない。同じように見えても決して一つではない。同中の異・異中の同、不一不二です。

一面に白い蘆《あし》の花の咲く中に、白馬が入ったらまるで見分けがつかないが、蘆花と白馬は別のもの。類して等しからず。それがこの禅語です。

似たように見えても同じではない人格ですから、あなたの意見を通すにはもっと相手の気持ちをイメージして、丁寧に熱心に説明しなければ通じませんよ。

69
×
17
cm

あるべきよう

あなたはあなたのままがいい

お金さえあれば、シワは伸ばせるし命も延びる。

通信が発達して、向こう三軒両隣りよりアメリカの友だちの方が早く連絡がとれる。

「あるべきよう」とはありのままということ。本来の姿です。

あなたの本来の「あるべきよう」は保たれていますか？

あなたの故郷の「あるべきよう」は保たれていますか？

しかしどうやら、人は「あるべきよう」にそむいてしまいがち。

故郷は故郷のように、あなたはあなたのようでいることを、つまらないのか飽きてしまうのか。ありのままの姿では競争に負けてしまうという妄想がそうさせるのか。

「あるべきよう」を離れると歳月とともに歪みが出てきます。

「あるべきよう」は、本来備わっている底力が、自然に存分に発揮できる姿なのです。

32 × 33 cm

名利共休《みょうりともにきゅうす》

名誉も金も必要ありません

名誉もお金も追い求めないということです。

この二つはあなたを最も醜い顔にしてしまうほどの強力な魔力を持っています。それもそのはず、仏教でいうところの煩悩を起こすタネとして、「五塵」とか「五欲」というものの中に入っており、こればかりは人間だれでも負けがちです。簡単に人の心を汚してしまいます。ちょっと見渡してみてご覧なさい。ちまたの争いごとは、ほとんどこの五欲がらみです。色欲、飲食欲、睡眠欲、名誉欲、財欲。

実は、この禅語はある有名人の名前の由来になっています。よく見てください、千利休の名前が隠れているでしょう。利休は、自分を肥やす利益はいらないという意味でこの名前をつけたそうです。自分の心が喜ぶような道を見つけた利休は、その瞬間、名誉もお金もいらない心境になったのでしょう。

32 × 35 cm

空《くう》　縁があったから出逢った。縁がなければ？

人との出逢いをたどってみましょう。

あの日、雨に降られなければもう少し先にある店に入るはずだった。予定無く入った店で出逢ったのが、今目の前にいる人。もともとこの人は私の人生にいなかった。モノの存在をたどってみましょう。

婚約しなければこの指輪はここに無かった。縁があって、トントン拍子で条件が揃って、裸だった指に、今指輪がなにくわぬ顔で輝いている。

世の中のことは一切が「空《くう》」。あなたの周りの一切のものが、ほんのわずかな細い糸をたどり、偶然を重ねてあなたの下にやってきた。

すべてのものは実体を持たず「空」だけれど、それは縁を紡ぐ「空」でもある。あなたを喜ばすものも悩ませるものも、あなたを取り巻く一切は「空」なのです。

25 × 52 cm

善《ぜん》をも思《おも》わず　悪《あく》をも思《おも》わず

なぜどちらかに決めたがるのですか

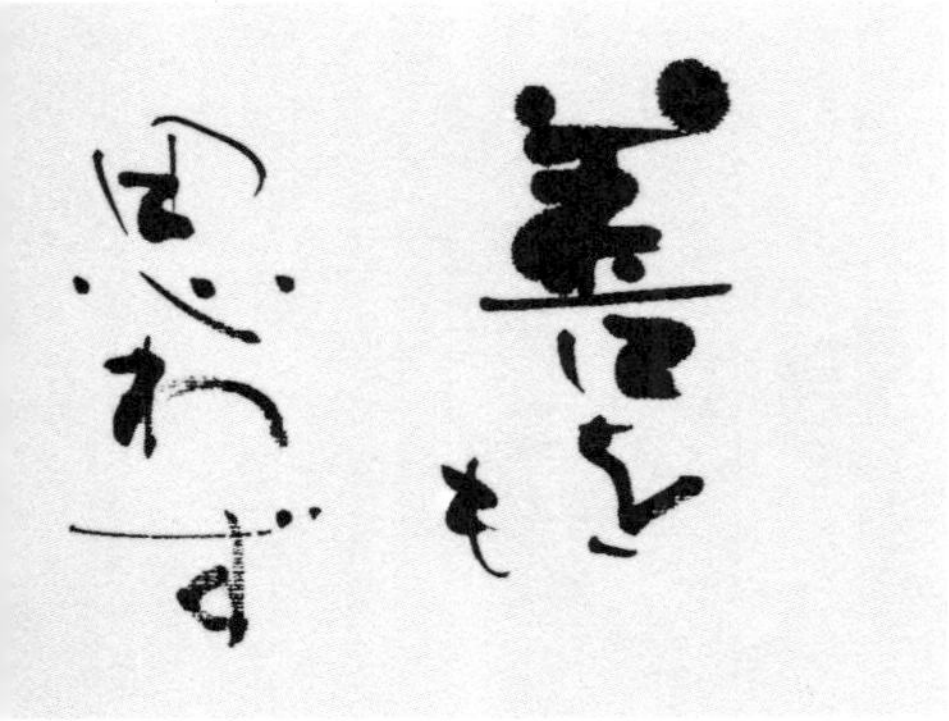

昨日も今日も、何かにつけて良いとか悪いとか判断をしている毎日ですが……。

この言葉は、良いとも思わず、悪いとも思わず、という意味です。

善悪を判断しようとするから、悩み、迷います。

そもそも、良いとか悪いとかという判断自体が、場所や時間や歴史的経過や、その後の人の予期せぬ出逢いを考えれば、私たちに容易に出来るものとは思えま

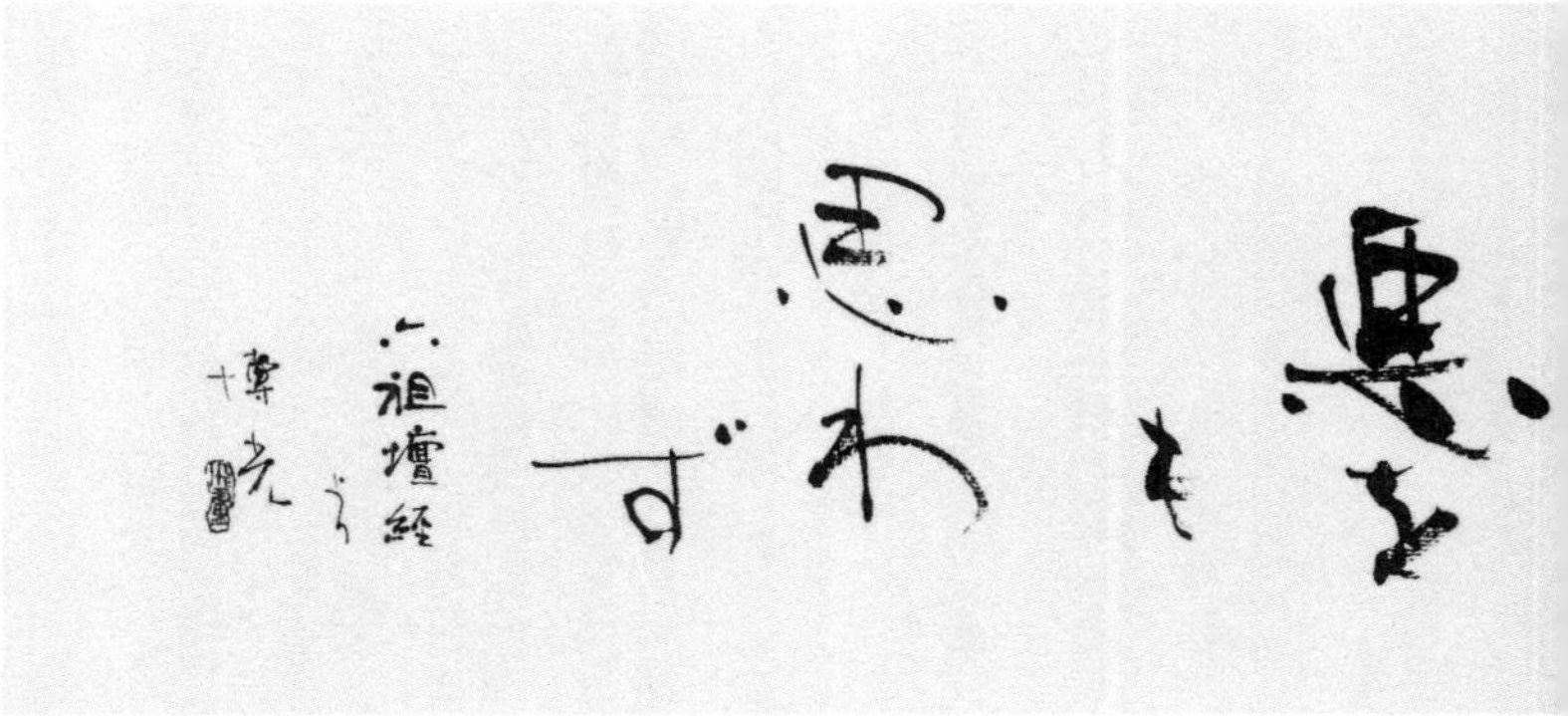

17 × 69 cm

せん。

善悪だけでなく、自他、左右、是非といった二元的な考え方から脱却すること。

さまざまなものごとを対立させて見ていると、迷いに惑わされ、高い次元の絶対の境地を得られません。良いとか悪いとかは、私たちが勝手に作った判断基準。

宇宙の方向に上下も左右もなく、善も悪もない。それがなければ純粋な自分の心も見えてきます。分別があなたを曇らせてはいませんか。

松樹千年翠《しょうじゅせんねんのみどり》

静かな存在を見逃すことなかれ

バラは百万本で歌になり、満開の桜の下では飲めや歌えの大騒ぎ。流行を追うのと同じように、人は一過性の華やかな美しさに集まります。

一方、一年三六五日変わらず緑を保つ「松」の樹は、話題にのぼるタイミングがありません。しかしその力強い姿と青々とした生命力は素晴らしいものです。

「松樹千年翠」は、そんな松を讃えた禅語です。

移ろいやすい世の中の現象に振り回されず、黙って命を活かしている存在があることに気づきたい。能舞台に描かれた松はどんな題目をも引き立てます。

松はいつでも変わらぬ緑に見えますが、実は春には黄緑色の若々しく柔らかい新芽が出て、濃いグリーンの葉は順に茶になり落ちていきます。変わらぬように見えてもじっとしているだけでは現状を維持できない。松の目立たぬ変化は私たちへの教訓です。

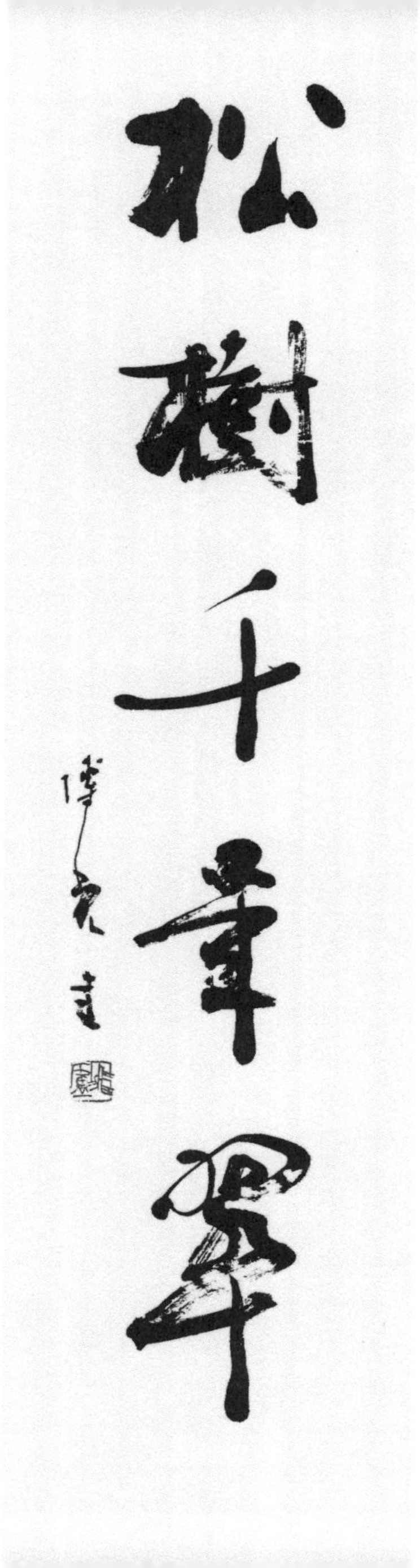

90×22cm

人身《にんしん》得《う》ること難《かた》し

えっ、この身体は借り物？

人間のカラダを授かったことは、得がたいことであると言っています。この句の次に「仏法《ぶっぽう》値《あ》うこと希《まれ》なり」とあり、これは仏法に巡り会うことだって滅多にないことだというのです。

私たちは今、人間の身を授かって生かされています。

そんな風に考えたことはありますか？　この身体は、いただいたもの。「貰ったのではなく借り物なんだから乱暴に大酒などせず、大切に使わなければ」と言う人もいます。

こうしてこの本を読んで禅語と出逢ったあなた。仏の教えというものに巡り会ったのは初めてではないでしょうが、少し踏み込むことになったこの機会も、滅多にないことと言えるのです。なんとなく生きて、なんとなく食べたり、読んだり、感じたり。

それが得がたいことだとか、稀なことだとか、……忘れがちです。

35 × 47 cm

壺中日月長《こちゅうにちげつながし》

心のしわざで狭くも広くも

壺の中にひょいと入っていける仙人がいて、仲良しになった友人がある日一緒に連れていってもらったら……。

小さい壺の中は広々として快適で景色も美しい。素晴らしいもてなしを受け、すっかりごちそうになって夜中まで楽しく歓談したそうです。ついでに十日間の仙人の修行をして家に帰ってみると、なんと十年がたっていたという話。浦島太郎と一緒ですね。

心のしわざです。心が楽しむと、壺の中は広く時間は悠久で、無限に精神を遊ばせることができます。それを禅語で「壺中日月長」といいます。

「住めば都」も、「狭いながらも楽しい我が家」も、「楽しい時はあっという間に過ぎる」のも心のしわざ。だれもがこんな風に感じることのできる心を持っています。

家が狭いとか給料が安いとか時間がないとか、文句をいう前にあなたの心と相談を。

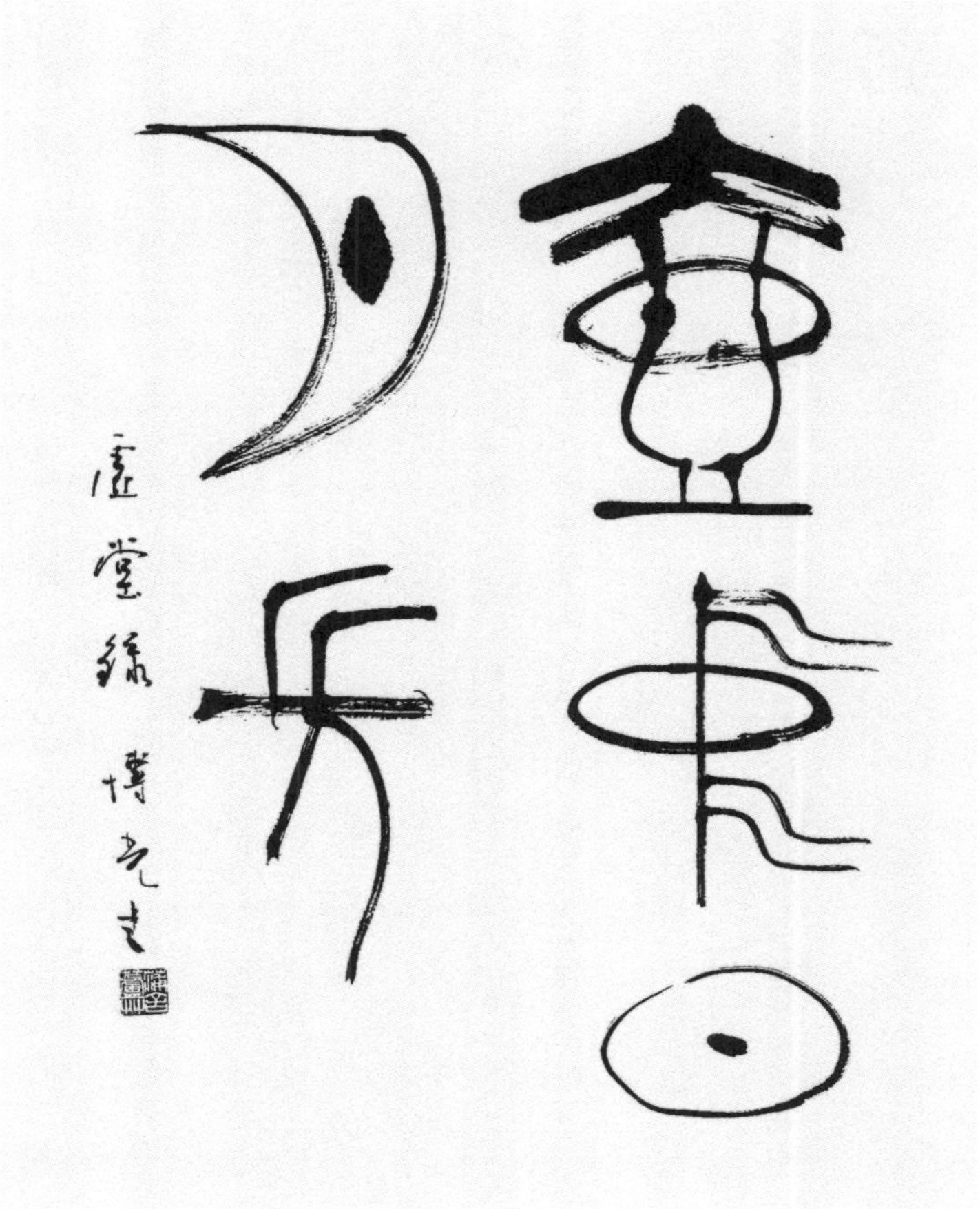

46 × 35 cm

滅却心頭火自涼《しんとうをめっきゃくすればひもおのずからすずし》

逃げなければ、火の中でさえ涼しい

心が積極的になって無心に徹すると、火の中でさえ涼しく感じるという意味です。無中でものごとに没頭すると、暑さ寒さを忘れる、そんな経験ありませんか？

炎天下で人と待合せをして相手が遅れてきたら、暑くて暑くてだんだん腹が立ってくる。しかし、同じ炎天下で、こんがり小麦色の健康的な肌に焼こうと思ったら、太陽の暑さが喜びに変わる。苦悩とは、こちらがどういう心で相対するかで随分と違うものになるのです。

苦悩から逃げると、苦悩はいつまでも苦悩のままで存在します。

だから、苦しいことからはむしろ逃げないで立ち向かう。集中力と勇気が必要ですが、いつまでも悩んでいるよりその方がラクですよ。

さぁ、クルッと後を振り向いて、追っ手と対面。

減卻心頭火自涼

楞嚴經錄句　博光書

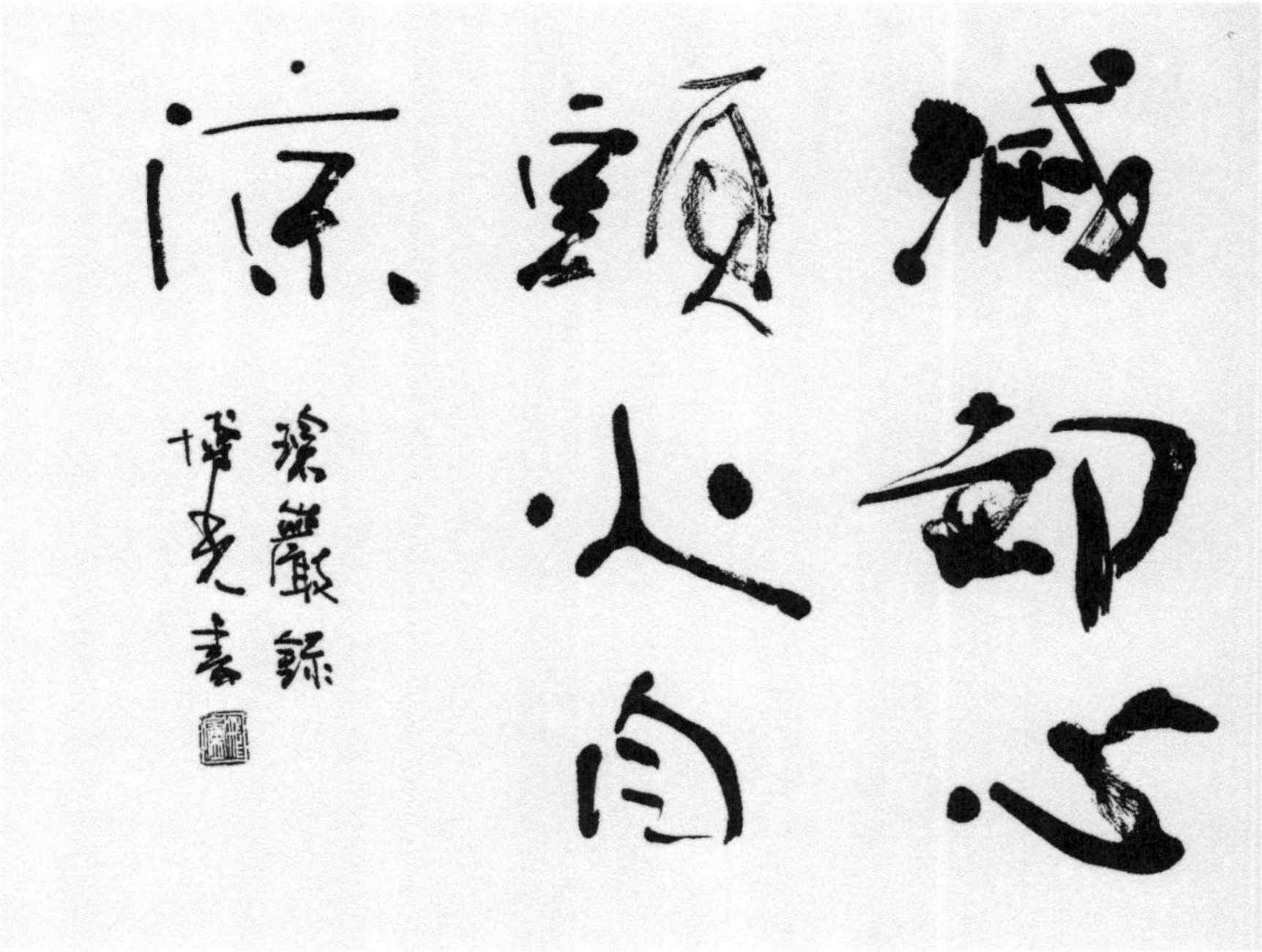

35 × 46 cm

泥仏《でいぶつ》不渡水《みずをわたらず》

裸のあなたに価値がある

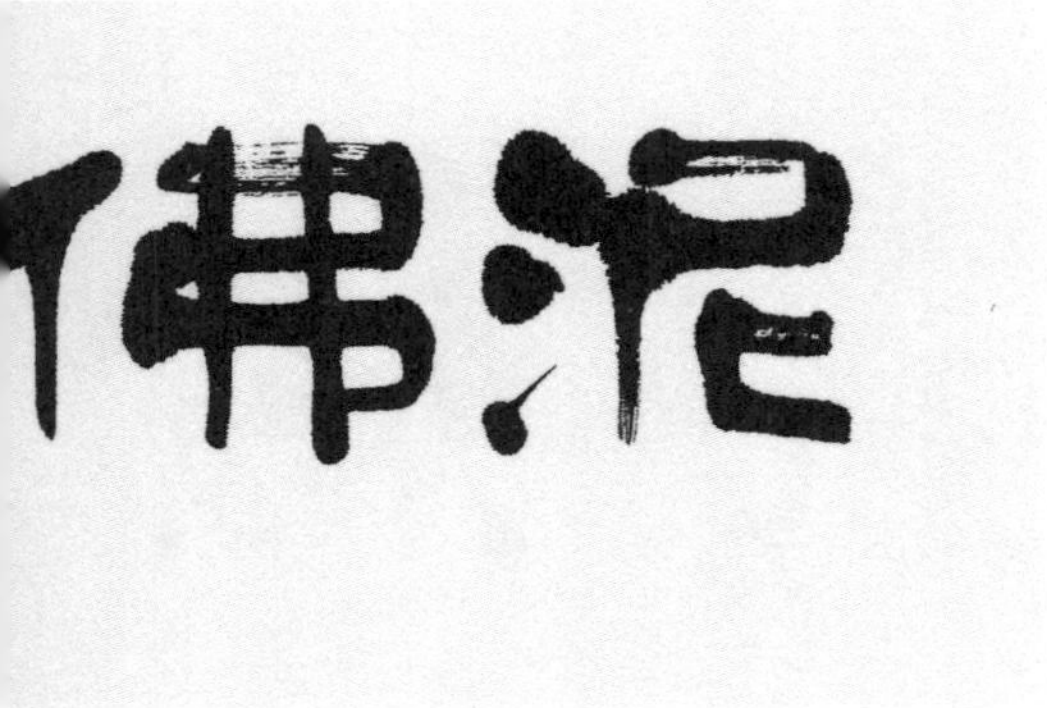

いくら仏さまでも、粘土で作った仏さまでは水を渡れない。それは仏さまでなく粘土なんですから。

形あるものは、いつか壊れる時がくる。盗まれることだって失うことだってあります。仏は自分の中にいる。だからこそ壊れない崩れないのです。形あるものに執着すると間違えます。

楽しい旅を写したＶＴＲが故障して撮れていなかったとしても、思い出は記憶にくっきり残っているはず。

17 × 69 cm

運動会で走る子供を応援しないで、撮影に一生懸命のおかあさん。その時の生の声援が子供に大切な瞬間として記憶されることが宝物ですよ。

あなただって、あなた自身を磨くことが大切です。ゴルフのクラブより腕を磨く。楽器より耳を鍛える。モノに頼らない裸のあなたに価値があれば、何も恐れず怯えずに、自信を持って進んでいけます。

誰家無明月清風《たがいえにかめいげつせいふうなからん》

外見で人を判断してはダメ

誰の家にも月の光が射し、清らかな風が吹く。

どんな人にも、仏の心が宿っていることを言っています。禅の修行をしたお坊さんでなくても、毎日お経を唱える敬虔な人でなくても、誰でも仏の心を持っています。

悲しいかな、私たちは外見や表面的な態度で人を判断しがちなんですね。

自分がまじめにやっていると自負している人は、不良を見れば自分とは心のあり方が違うと判断していませんか？　心のあり方が違っていたとしても、仏の心を持っていることに違いはないのです。ずいぶんな悪さをした犯罪者でさえ仏の心を持っている。あなたが自分に自信がなくなっていたとしても安心してください。あなたも仏の心をもちろん持っている。だから、あなたの目の前にいる人にも仏の心が宿っていることを必ず思い出して接してください。どんな姿、どんな表情であなたを見ていようとも。

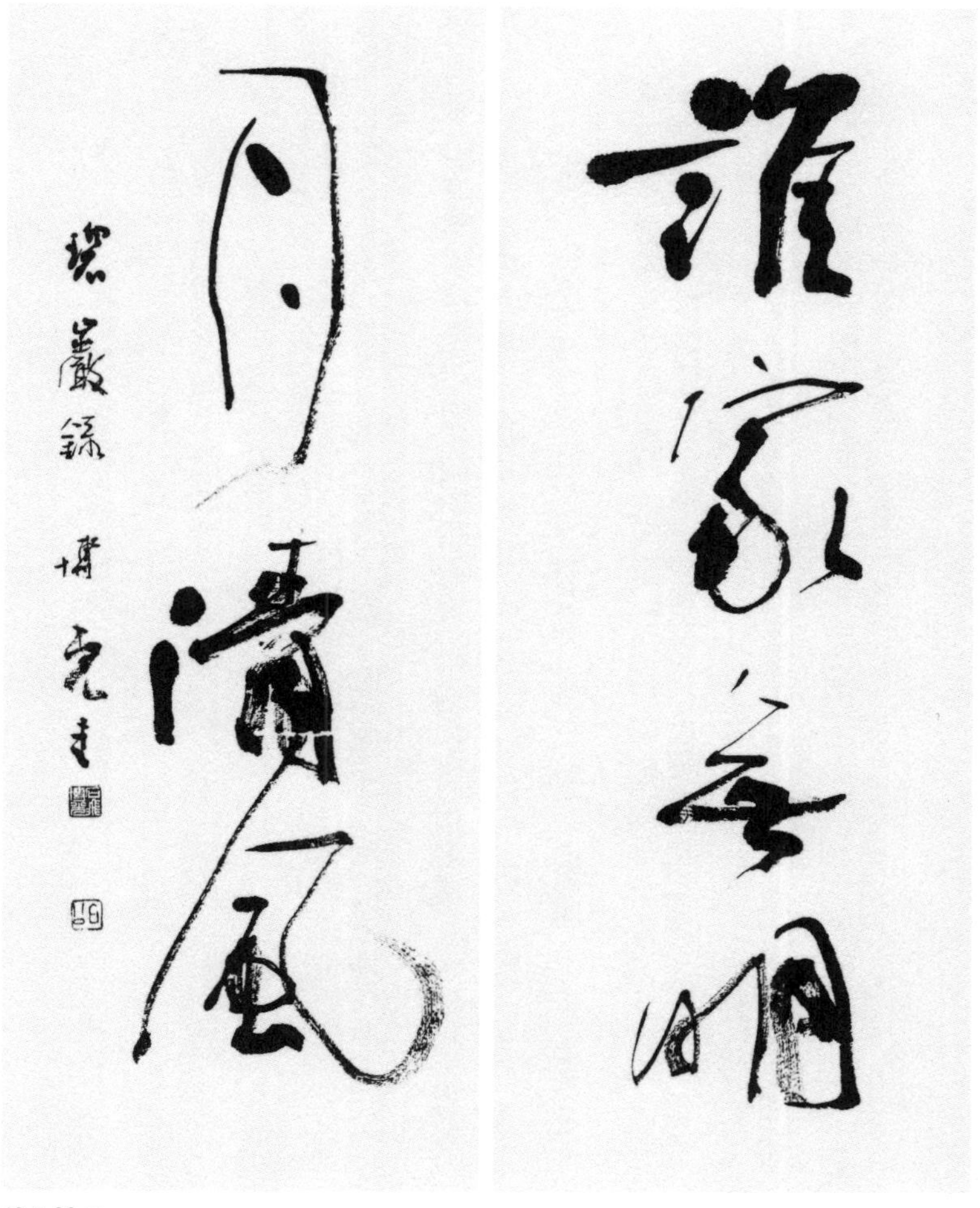

46 × 36 cm

一《いっ》心《しん》

あなたを消極的にするも積極的にするも

すべてのことは「心」が原動力。

心を一つにしてものごとに向かえば、必ず相手を動かすことができる。

筋肉隆々の格闘家が、試合に勝つために一番必要なことは「心の力」だと言っていました。心技体。身体を作り、技を修得したら、最後に「心」で戦うのだそうです。心が「やるぞ！」と思わなければ、鍛えた筋力も半分しか力を発揮しなくなるそうです。

山のように大きな身体を支配する「心」。

そう、筋肉でさえ動かすのは「心」なのです。

あなたの笑顔は「心」の現われ。

「心」が沈んだら声の張りも変わります。あなたは自分の「心」をどう使っていますか？

25 × 52 cm

竹《たけ》に上下《じょうげ》の節《せつ》あり

松に古今の色なし

竹には上下に節《ふし》がある。人間関係でも上下があるよという意味です。まさかそんな、人間は平等だと言ったじゃないかと、ちょっとびっくりしてしまいますね。でも本当です。実はこの句は対句になっていて、この次に「松無古今色《まつにここんのいろなし》」ときます。これは、松は季節によって緑の色を変えたりせず、いつも平等であるという意味です。つまり、二つの句を使って言っていることは、平等といっても区別はあり、区別があっても平等であるのだから、本来の姿そのままを認めてこそ円満だということです。男尊女卑はけしからんけれど、男と女は同じではない。人生の先輩後輩という年齢による上下関係もあります。十人十色を認めて和敬清寂*というわけです。

この句でもう少し深読みしたいのは、竹の上下の節は硬く、お互いを支えあいながらも、自分の領域をきちんと持っているという関係の作り方です。

＊→ P.34

31 × 26 cm

白雲抱幽石《はくうんゆうせきをいだく》

風景が生き方を教えてくれる

山肌に隆起した苔むした幽玄な巨石を、豊かな白雲がふわりと優しく、抱くように包んでいる天上の様子です。

人の気配のない深山での「幽石」と「白雲」のコンビネーションは壮大なスケールで、荘厳でありながら慈悲をも感じさせる柔らかく温かい関係。

無心で生きてきた苔むす石と、それをやさしく抱く雲。

あなたはどちらに自分を見ますか？

周りに何も束縛するものがなく、心が純粋で素直になった時、あなた本来の姿が、その心の赴くままの行動に現われます。

何の計算もなく、何の事情もなく、何の心配もなければ、あなたは何を抱くでしょう。

それとも、今のあなたをやさしく抱いているのは誰でしょう。

63×17cm

前《ぜん》三《さん》三《さん》後《ご》三《さん》三《さん》

数字がなんだっていうのですか

「柳田村は日本一星がよく見えます」と言われて「何個見えるのですか」という質問はおかしなものです。「失業者は五百万人」と言われても、就職活動に疲れ諦めた人は入っておらず、働く気力のない人も含まれない。対処に役立つ本当の数とは言えません。

「素晴らしい演奏でした。何回練習しましたか」。これもピアニストには愚問です。

ある旅の途中、文殊菩薩に出会ったお坊さんは質問しました。

「そちらの地方では仏の教えに従っている人は何人いますか」

修行僧だけが仏の教えのもとに生きているのではありません。どの人の心にも仏の心が宿り、教えを携えている。人数は無数でわからないし、数に意味はないのです。

それを文殊菩薩は「前三三後三三」と答えたそうです。

前に3×3で9、後に3×3で9、合わせて……。数字にとらわれないように。

33 × 21 cm

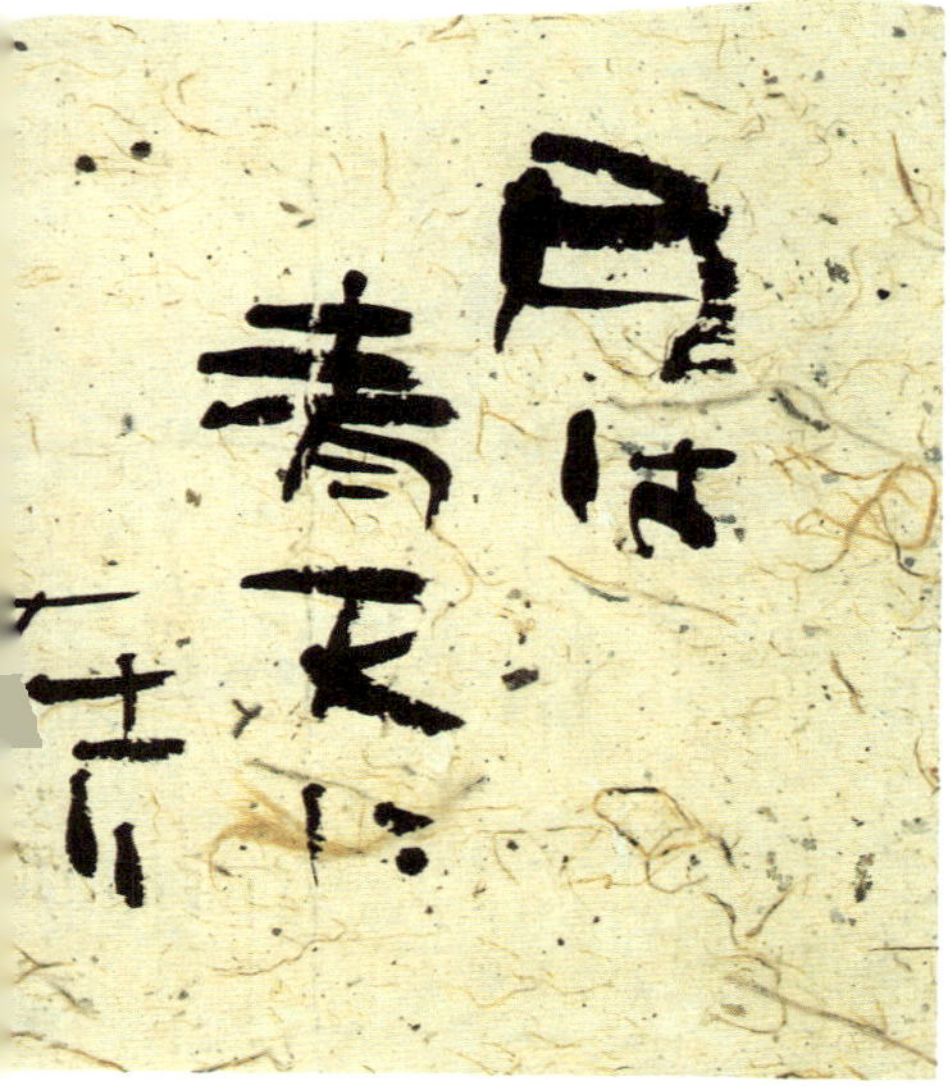

月《つき》は青天《せいてん》に在《あ》り　水《みず》は瓶《へい》に在《あ》り

ありのままの姿が一番大切なスタンス

トイレの芳香剤をレモンの香りにしたら、子供がレモンを指して「トイレのにおい」と言って食べられなくなったと聞きました。ハウス栽培で旬に関係なく野菜が食べられるようになったら、姿は一緒でも味気ない。今どき田舎の畑でもぎたてのキュウリをかじった人は、誰もが「あ、キュウリの味がする！」と言います。

人は朝日が昇るとともに起き、昼には

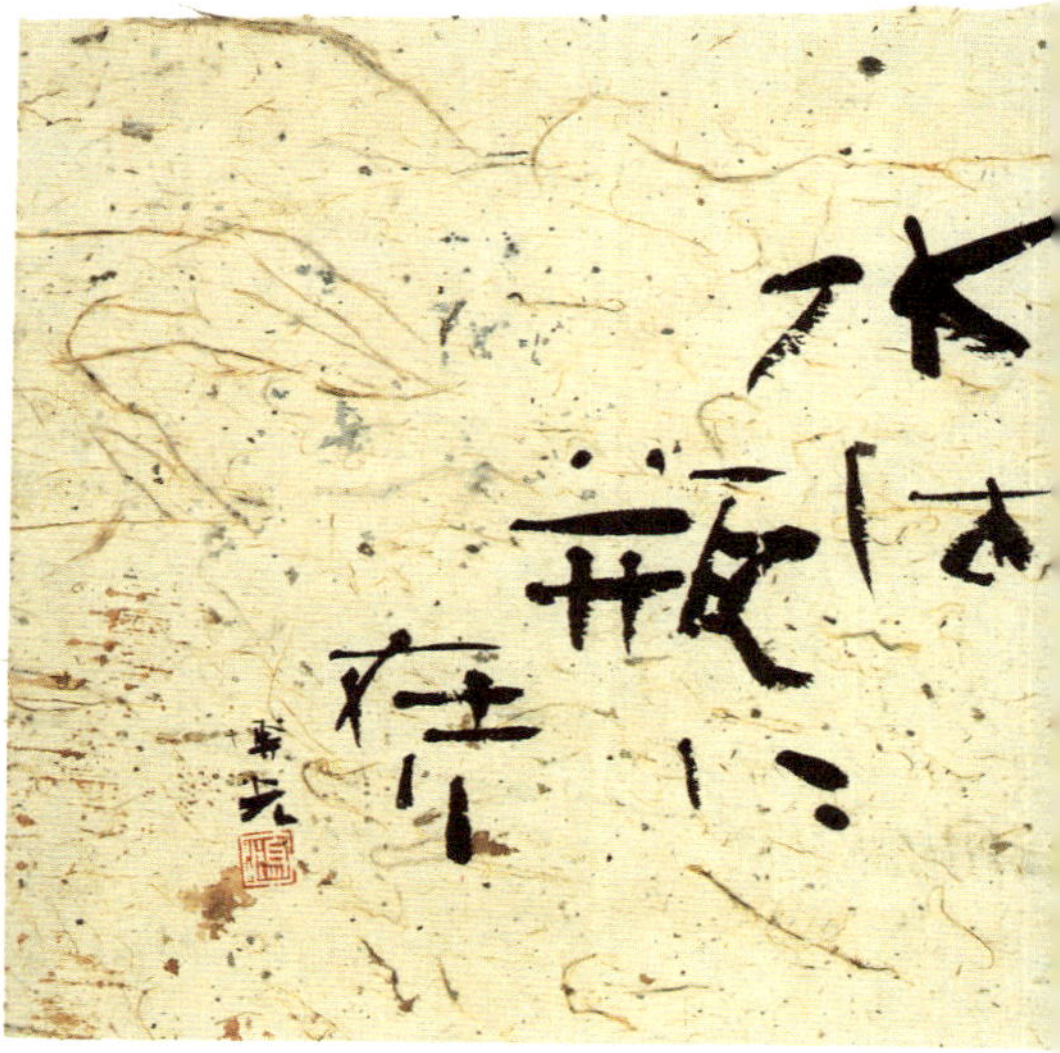

31 × 59 cm

体温も上昇して元気が出、夕方クールダウンし、夜あくびが出て眠るはずだった。煌々と電気をつけた二四時間営業のコンビニに続々と吸い込まれていくお客さんたちは、覚醒のサイクルがずれてしまったのでしょう。

砂利道をコンクリートで固めたら、地表は熱をこもらせて、クーラーをつけなければ過ごせないほど夏が暑くなってしまった。室外機でさらに空気を熱する悪循環。

月が空にあって、水が瓶にあるという本来ありのままの自然の姿を忘れずに。

默《もく》

黙っていた方が伝わることもあります

黙っていても伝わることがあります。

黙らなければ伝わらないこともあります。

多くの言葉で語っても伝わらないことを、円をもって表現した「一円相」*。そして、さらに進んで、こんどは「沈黙」をもって真実を表現します。

ただし、沈黙することは、語らないことではありません。「黙」に対して「語る」という二元的な考え方ではないのです。「黙、雷のごとし」というくらい、「黙」の中に「声なき声」を聞くのです。

あなたは何かを伝えたい時、それが本当に大切なことの時、「黙」して伝えたことがありますか？ そして、「黙」した人の声を聞いていますか？

暮らしの中にとけ込んだら、さしずめ「目は口ほどにものをいい」。

＊→ P.86

37 × 35 cm

工《く》夫《ふう》

一心に修行に励むこと

禅語から来た日常語です。禅語における意味は、一心に修行に励むこと。坐禅が「静の工夫」、作務が「動の工夫」です。

日常使う工夫の意味はいろいろ思案して良い方法を考えることですから、達成するために心を一つにして修行するという意味と相通じるものはあります。

一心に励むことには「工夫」が生まれます。

自分の中の本来の純真素直な自分に「主人公！」[*1]と呼びかけ目覚めさせる工夫。

茶の湯を通じていつでも「一行三昧」[*2]の境地を体得する工夫。

玄関の靴を揃えるたびに思い出す「看脚下」[*3]という工夫。

「一円相」[*4]を描いて心の乱れをチェックする工夫。

日常においても、さまざまな工夫が修行を助けてくれます。

*1 → P.68　*2 → P.46　*3 → P.132　*4 → P.86

15 × 10 cm

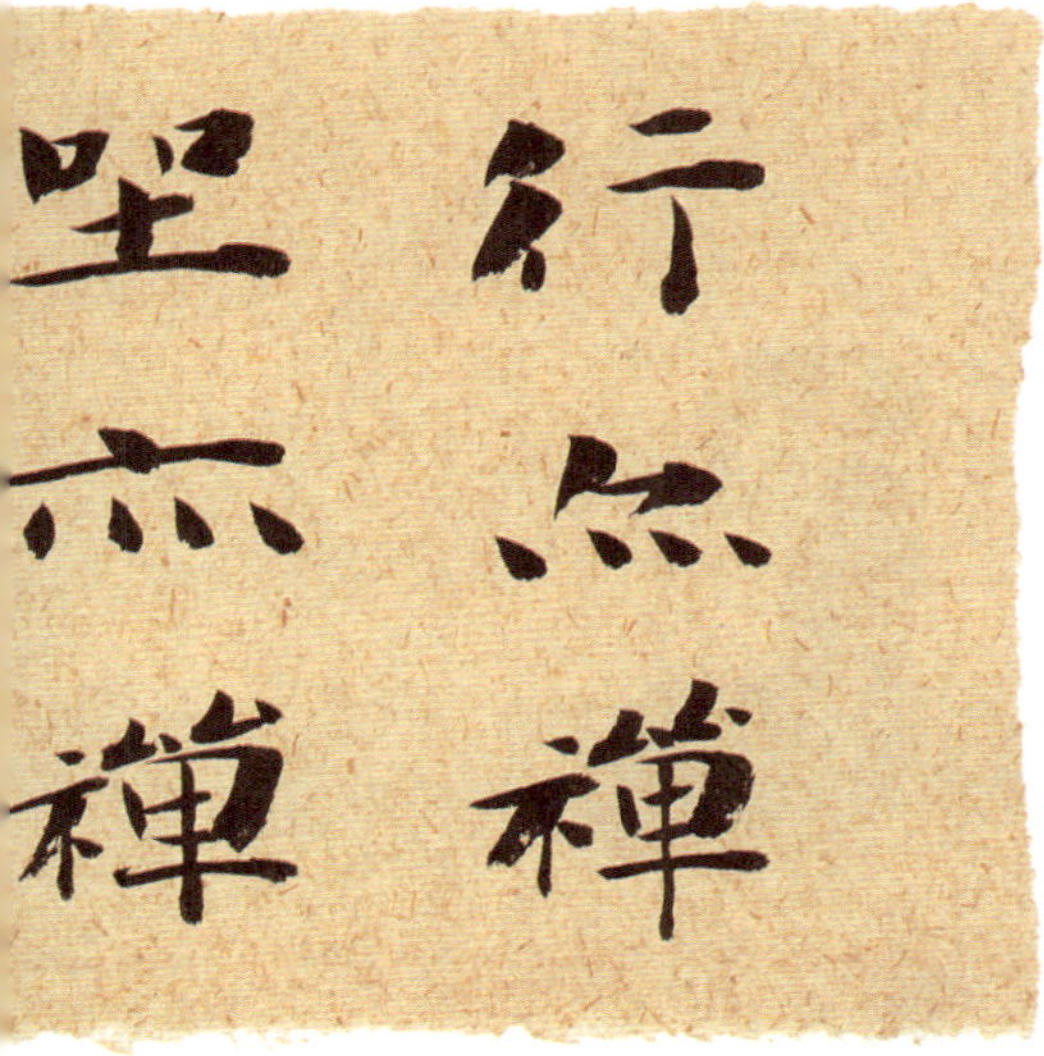

行亦禅《ゆくもまたぜん》坐亦禅《すわるもまたぜん》　語黙動静《ごもくどうじょうに》体安然《たいはあんねんたり》

暮らしの中に禅の心を

坐禅をしたり、写経をしている特別な時だけが禅ではない。仕事をしていたって、遊んでいたって日常のすべてが禅の実践なんだということです。

禅を実践するということは、モノに心を奪われないから贅沢をしないし、いただいた身体だから大切に、暴飲暴食もしない。自分の中にある純粋で素直な本来の自分といつも言葉をやりとりしている

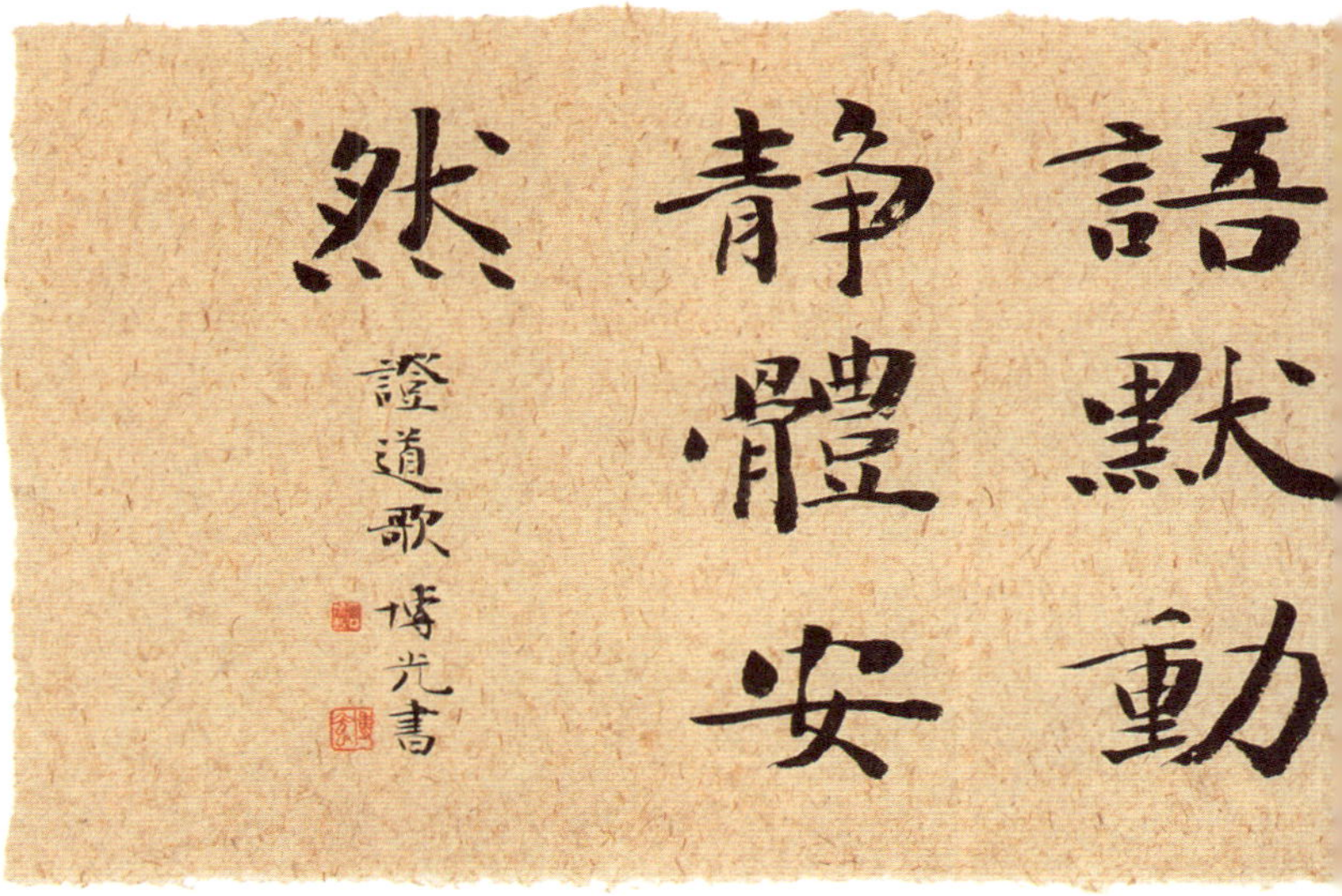

20 × 52 cm

から現象に騙されずに生きていかれる。無理をせず背伸びしないで、あなたはありのままのあなたでいられる。

これが全部、一瞬も忘れずに実践できたら、ダイエットに悩むこともなかっただろうし、カードローンにも追われなかったろうし、相続問題のいがみあいもなかったはず。

暮らしの中にいつも禅の心を。

四、次に何をしたらいいか

百尺竿頭《ひやくしやくかんとう》に一歩《いっぽ》を進《すす》む

目標達成の次はどこに進むか

悟りを求めて修行を積み、高く高く進んでもうこれ以上先がない所が「百尺の竿の先」。そこまで行っても満足せずもう一歩先に行け！というのが「進一歩」です。しかし、その先はもう竿がないのですから進めない。どうするのでしょう。

後ろに進むのです。悟りの境地を得るためにひとり向上したその修行を、一歩進めて「後退」し、人々のために尽くす所に降りていく。退くこともまた前進です。

そのくらい「進一歩」は大切。あなたの日常にもあるはずです。

合格した時、結婚した時、大金を手にした時、資格をとった時。目標を達成した時に、それに満足して歩みを停めない事が重要です。その位置に満足して立場に留まり執着すると失うことの悩みがはじまる。

人生には、常に次があるのです。

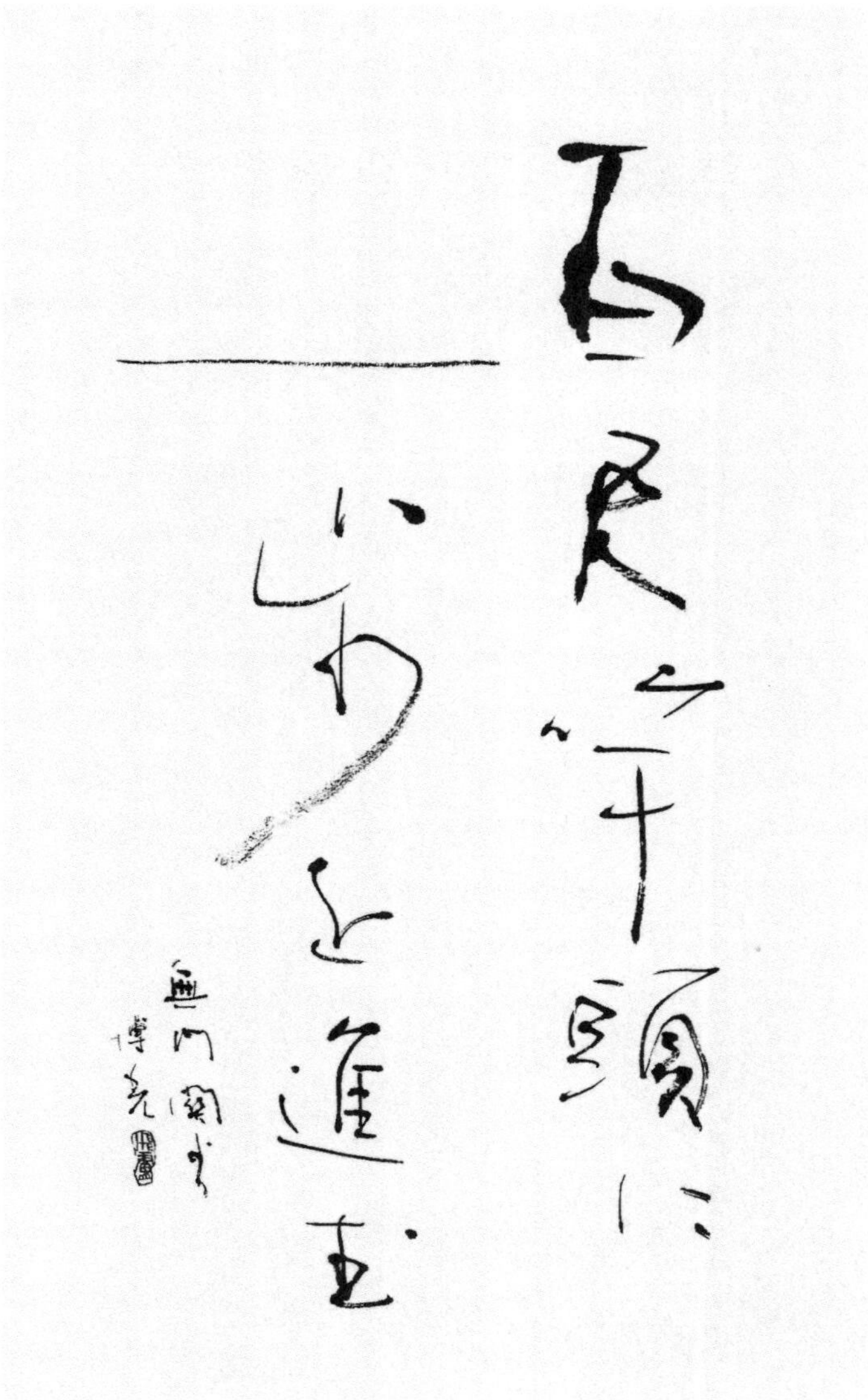

46×27cm

看脚下《きゃっかをみよ》

靴を揃える、そんなことが大事なこと

同じ意味で「脚下照顧《きゃっかしょうこ》」ともいいます。お寺の廊下などに札が立ててあるのを見ましたか？　足下に気をつけなさい、靴を揃えなさい、という日常の言葉として使っていますが、これは自分自身のことを顧みるのを忘れないように、という標語なのです。

たとえば、何かに頼って生きていると、それが失われた時に一歩も進むことが出来なくなります。前を行く人の背中を追いかけていくと、ふと見失って迷子になる自分。上へ上へと昇っていく時も、上だけ見ていたのでは、足下の岩を踏み外してしまいます。

だから「進みたい」と思った時には自分の足下を見てください。

一歩を踏み出すのはあなた自身。他の人のことを気にしてばかりいては進めません。

一歩一歩、自分の足で丁寧にゆっくり歩き出せばいいのです。

あわてないあわてない。靴を揃えるのは次なる行動のためでもあるのです。

70×17cm

時時勤払拭《じじにつとめてふっしきせよ》

毎日やることに意味がある。溜めちゃだめ

心を曇らす塵やホコリは、毎日払ったり拭ったりしなさい、という禅語。

ある時、料理研究家のキッチンが使っていないように見えるくらい美しいので、クリーナーに秘密があるのかという質問に、

「毎日拭くことです。明日に掃除を持ち越さないこと。汚れは溜まると落ちなくなります。毎日拭いていると、汚れは簡単に落ちるので力も手間もいりませんよ」

毎日積み重ねることの大切さ。溜めてしまってはこびりついてしまいます。それが心ならなおのこと、曇って見えない鏡のようでは、見逃してしまうこと、見えずに誤解してしまうことで思わぬ災いにもなりかねません。

自分の心は鏡のようだと思ってください。よく磨きあげておきましょう。

塵もホコリも、毎日溜まるものは毎日払う。その積み重ねが人生。

33 × 33 cm

隻手音声《せきしゅのおんじょう》

声なき声を聞こう

隻手とは、片手のこと。両手を打たなければ音は出ないのに、片手から出る音を聞け、というのです。つまり、声なき声を聞くということです。

理屈と現象にばかり捕われている人には一番難しいことでしょう。言った言わないで喧嘩になることがありますが、証拠があったとしても喧嘩が収まるわけじゃない。言った言葉の裏に本当の意味が隠れているから、それを読みとってやるまでは収まらない。何を言ったか、その言葉という現象だけでは、聞こえていないもの、見えていないものがあるのです。

わからないことがあると、すぐ「何で？」と聞く人がいます。すぐ「私にはわからないわ」という人がいます。人に説明の努力をさせたり、わかろうとする努力を投げてしまう前に「隻手音声」。声なき声を聞いてごらんなさい。

28 × 27 cm

掬水月在手《みずをきくすればつきてにあり》　弄花香満衣《はなをろうすればかえにみつ》

そのものに成り切る

夢中になってテレビドラマを見ていたら、まるで自分のことのように悲しくなって泣いてしまった、という心境でしょうか。テレビドラマは作り物であるのに、自分と一体化してしまうくらい没頭した状態のことです。

水をすくった手に月が映り、花とたわむれていたら着物に香りが染み込んだ。月は遠い空のものだったのに、花は愛でるものだったのに、いつのまにか自分のからだと一体になってしまった。そんな境地は誰にでも得られます。この境地こそ発見の土台になります。

真剣に、親身になってモノと取り組むと、相手と一心同体になれます。すると見えなかったものが見えてきます。真実が見えてきます。包丁に真剣に取り組むと、包丁が自分の手のように動きだす、とはある板前さんに聞いた話。

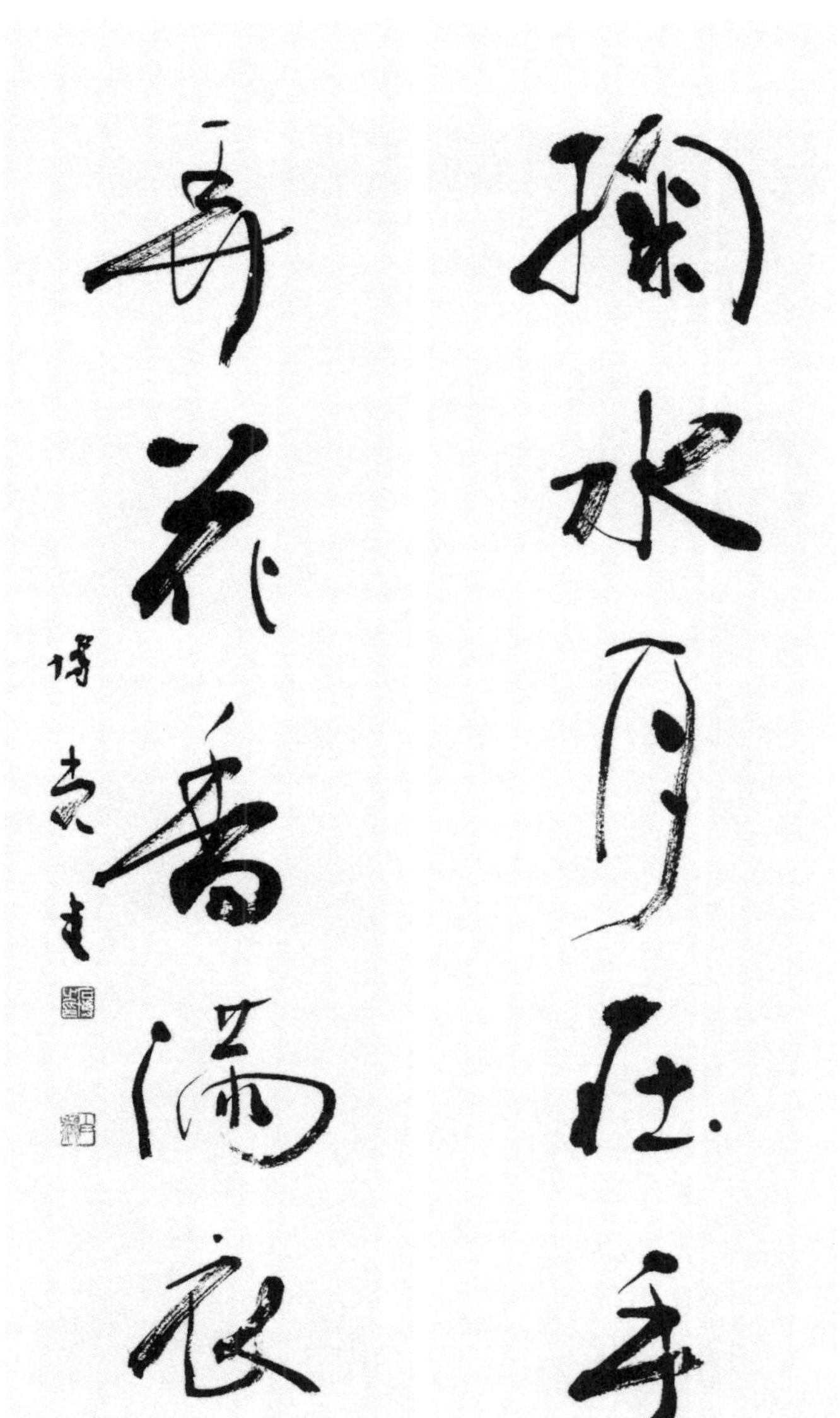

69×35cm

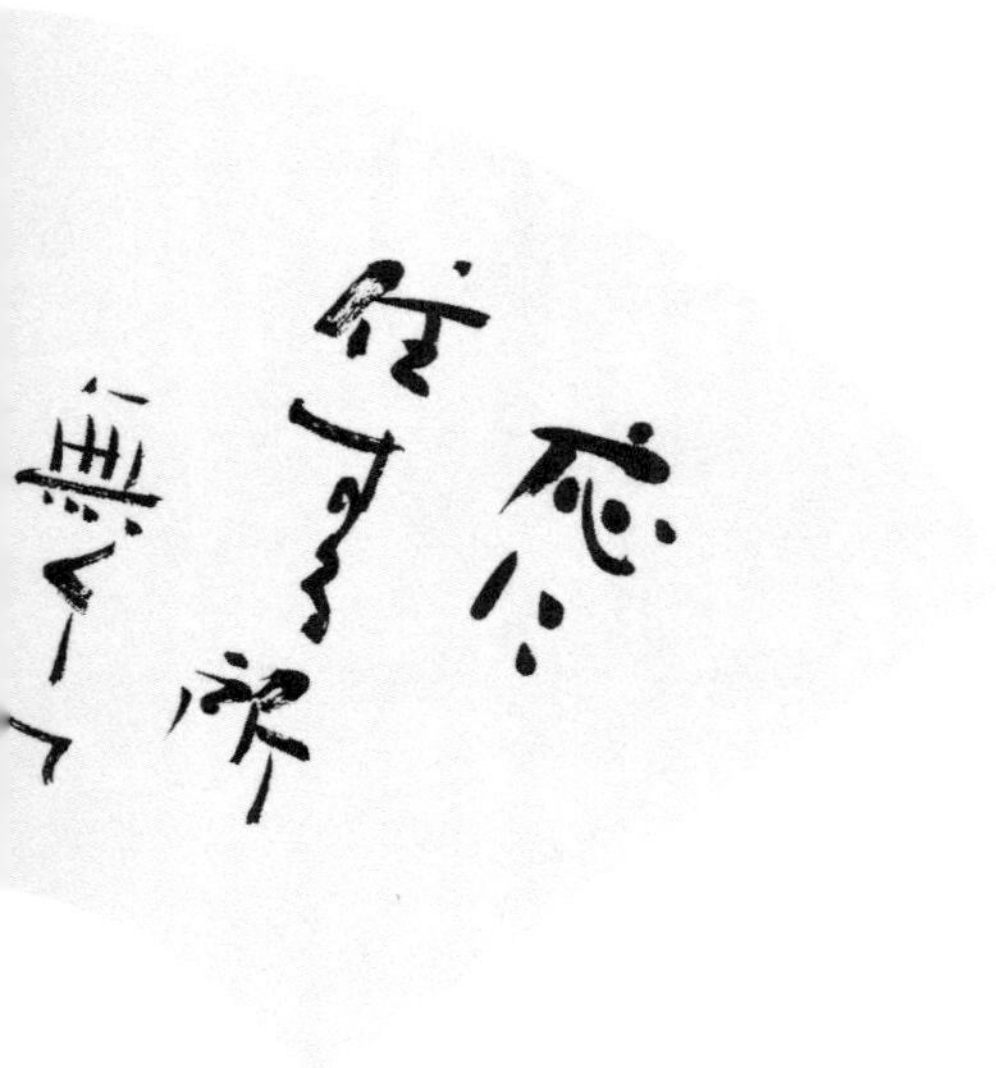

応《まさ》に住《じゅう》する所《ところ》無《な》くして而《しか》も其《そ》の心《こころ》を生《しょう》ずべし

何ごとにも捕われない清浄な心をもって

何ごとにも捕われない心を清浄心《しょうじょうしん》といいます。この心をもって、あるがままに自由にモノを見て、聞いて、味わい、触って全ての経験をしておいで。だけど、それに心を奪われたりしちゃあいけないよ。心を一ヶ所に停めてはだめですよ、という意味の禅語です。

「住」というのは執着することで、これがあらゆる迷いの原因です。何ごとにも捕われない心というのはスッキ

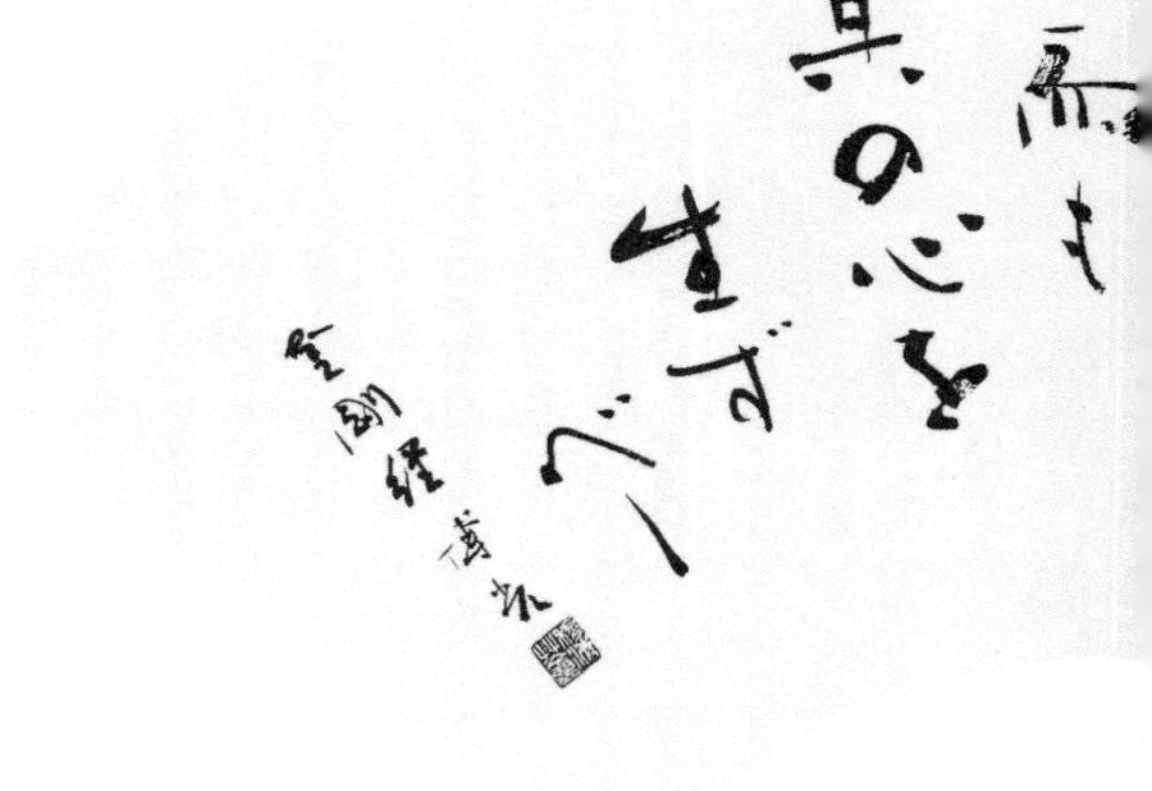

25 × 53 cm

り気持ちよく生きていくのにとても大切なことなのです。大切なものに執着したとたんにあなたに悩みが生じます。しかし、だからといって心を閉ざして部屋から出ていかなければ、あなたの命を輝かせるような出逢いを逃します。道元禅師はこんな風に詠みました。

　水鳥の行くも帰るも跡絶えて　されども道は忘れざりけり

一《いち》華《げ》開《ごよう》五《を》葉《ひらく》

花が実を結んで繁栄するプロセス

美しい言葉です。一輪の花が五枚の花弁を開き、やがて実を結ぶ。自然のありのままの姿。何も気負いのない、美しくも自然体で力強い繁栄の象徴です。

この五つの花びらが開いてこそ、次の世代に全てが継承され、実が成ります。五つの花びらとは五つの心のことです。

一、純粋で清らかな相手の心をありのまま受け取れる円満な智慧。
二、差別の意識を捨て、平等に拝める智慧。
三、差別でなく、平等の中での区別がこまやかに、確かに観察できる智慧。
四、他の人々のために行動できる智慧。
五、この世界は皆、仏の心の現われだと受け取れる素直な智慧。

あの蓮の花のように純粋で美しく花開きたい。

69
×
17
cm

庭前柏樹子《ていぜんのはくじゅし》

どんな答えも聞く人の心によって…

「達磨《だるま》大師は、どうしてインドから中国へ来たんですか?」。一人の僧が訊ねました。すると趙州和尚《じょうしゅう》(七七八〜八九七。唐の人)は「庭前柏樹子」と答えたのです。寺の境内にあった柏樹という木を思い出すように。

なになにに? その答えがなぜ「庭の柏の樹」なの?

そんなの答えになっていないよ、というのは簡単。でもちょっと待ってください。答えになっていないと思うのはなぜですか?

柏の樹なんて関係ないからだと決めつけているからではないですか?

それとも、なぜ庭の前なんだろう、なぜ柏なんだろうと言葉の一つ一つにこだわりすぎて全体を見失ったからではないですか?

この話は「言葉に捕われる者は自分を見失う」ということを教えています。

46 × 35 cm

万《まん》法《ぽう》帰《き》一《いつ》

質問すればいいってものではありません

おとぼけ。相手の言うことにどのように答えるかで、その人の幅が窺えます。やけに力の入った質問や、相手を負かそうという質問、わかっているのに試すための質問。質問に間髪入れない痛快な答えはその人のセンスが瞬間に伝わります。真面目に答えればいいというものでもないようです。その場の空気もキャッチする感性が必要です。

世の中全てのものの根源は「一」である、というのが「万法帰一」の意味。全ては「一」に帰ることができる。それを聞いた若いお坊さんが質問しました、「では、その一はどこに帰るのか」。老練の和尚の答えは振るっています。

「服を買ったが、重さが七斤もあったよ」。「？？？」

おとぼけに聞こえますが、「一」は再び「万法＝すべての事象」に帰っていくということをそんな喩えで答えられました。

31 × 31 cm

百《ひゃく》不《ふ》知《ち》百《ひゃく》不《ふ》会《え》

何も知らなくていいんです

なんにも知らない、なんにもわからないという風に見えますが、禅語では「なんでも知っているとか、なんにも知らないとか、そんなことは超越した人」という意味です。世の中、頭のいい人が幸せになるとは限らない。経験を積んだからなんでもうまくいくとも限らない。頭がいいと先回りして臆病になるし、経験を活かそうとすると前例に捕われる。だから世の中、頭脳や経験に関係なくうまくいくことが大分あります。

知らないということに、コンプレックスを持たないこと。わからないということを隠さないこと。これがよっぽど重要です。知らないことは素直に聞けば教えてくれます。わからないことは調べればよいのです。それより、その知識こそどうでもいいことかもしれません。知らないと恥をかくとか、常識だとか、勝手に作り上げていませんか？

知らない人より、知ったかぶりする人がカッコ悪いですよ。

69×17 cm

襤《らん》褸《る》

良寛さまは「ぼろは着てても心は錦」

良寛の詩で有名な言葉。「ぼろ」という意味です。ぼろ布のぼろ。何も持たない、執着しない境地がここにあります。寺をも離れて、どこまでも自分のあるがままを生きた良寛。あなたの現在の生活と重ねてみてください。

襤褸又襤褸　襤褸是生涯
食裁乞路邊　家実委蒿莢
看月終夜嘯　迷花言不帰
自一出保社　錯為箇駑駘

破れ果てた衣、ぼろ衣は自分の生涯のよう。
食は乞食をして間に合わせ、家はじつに雑草だらけ。
月を見ては夜どおし詩を口ずさみ、花に迷うて家にも帰らず。
ひとたび昔の寺を出てからは、あやまってこんな愚者となる。

こんな生活でも、ずいぶんと風流な心の豊かさを感じるのはなぜかな？

32 × 47 cm

把手共行《はしゅきょうこう》

誰と一緒に生きていくつもり？

共に手を取って歩んで行く、という意味です。結婚式の挨拶にぴったりかなあとも思えますが、さて、手を取りあう相手とは誰のことでしょう。

四国巡礼のお遍路さんの笠には「同行二人」と書いてありますね。あれは辛い道のりだが二人で歩いて行こう、というもので、たとえ一人旅でもそう書いてあります。あの場合、一人は自分、一人は弘法大師様だというわけです。

ここでは、普段の生活の中でこの言葉を思い出していただける解釈をしてみましょう。あなたの心の底の方にとても純粋で正直な自分がいませんか？　たまに顔を出しては、「おいおい、自分よ、大丈夫かい？」と呼び掛けてくるもう一人の自分。それが手を取りあうベストフレンド。世の寒風にさらされ、くじけそうになった時、見失いそうになった自分と、少しおしゃべりしてみてください。「把手共行」が勇気をくれます。

23 × 25 cm

柳緑花紅《やなぎはみどりはなはくれない》

斜めに斜めに、とらえていませんか

当たり前ということです。柳は緑色、花は紅色。ただそれだけのありのままの自然の姿こそが真実だという意味です。

柳を描く時に、手にたくさんの色鉛筆を持ち、花を塗るにもたくさんの絵の具を用意した。この緑は見えている緑ではないはずだ、あの人のいう言葉は文字通りではないはずだ、もっと違う意味が込められているに違いない。上から下から斜めから、疑って疑って検証して、信じることを忘れた日々。自分が頭をひねった分だけ、何をやっても少しはずれてしまっているのに気づいたことはありませんか。

ある日あなたにも、柳があるがままの緑色に、花はそのままの紅色に見える日がくる。真実をそのまま見るには少しの勇気も必要です。柳は緑でよし、花は紅でよし、それぞれが自分の色を持っていてよし、ということです。

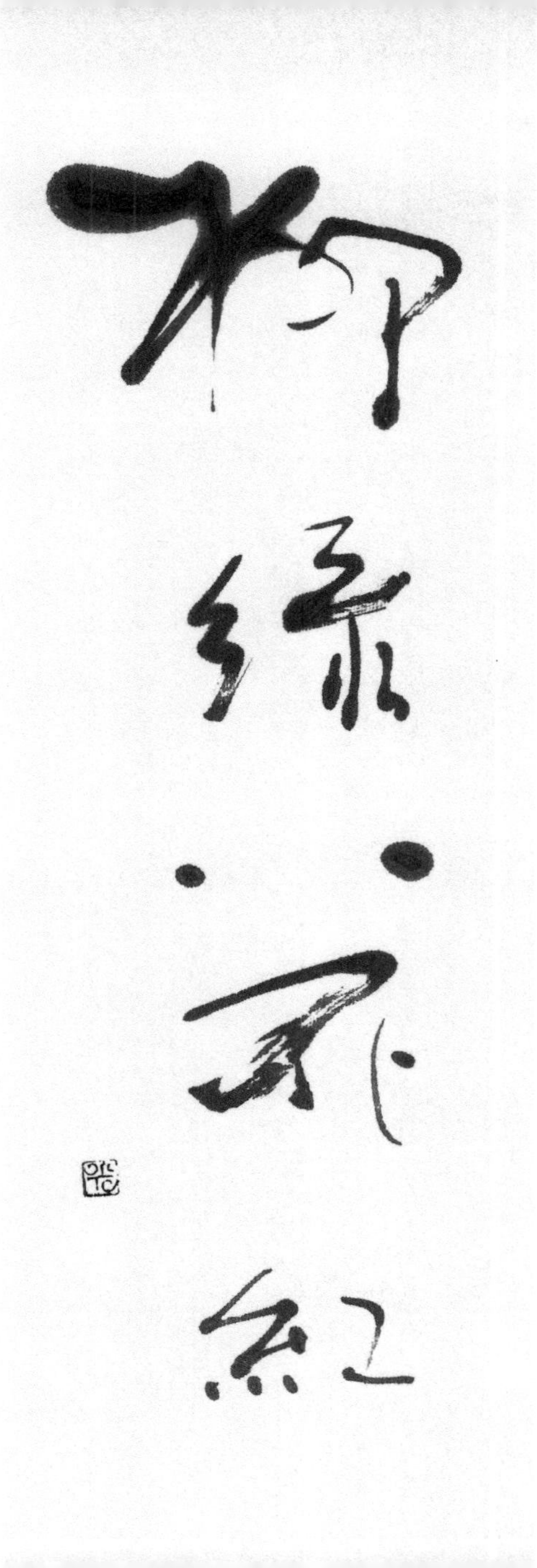

52×17cm

あとがき

「禅語」は書家にとって遠い存在ではありません。書く題材として非常に身近にあるものです。しかし、その解釈を究めているわけではありません。「書」作品も読めないものが多く、敬遠されることがしばしばですが、理解すれば味があって面白い。「禅語」もどうやら似たところがあるようです。

最近、写経の本や大本山總持寺祖院での展覧会を通じて、禅というものとあらためて向き合う機会を得ました。出会いは作品を紡ぐエネルギーになります。こんなに面白い言葉もあったのか、こういうことだったのかと、さまざまな発見もあり、七十語は一作一面貌、私にとって心遊ぶ楽しい時間でありました。

『書』と『禅語』の出会いが、皆さんにとっても心に響く発見となる事と思います。
本書の刊行に当たり、たくさんの人との出会いがあり、発見があり、充実して楽しく仕事が出来たことを感謝します。二玄社の日名子英男氏、森島基裕氏にはお世話になりました。

石飛博光

二〇〇三年一月

コーディネイト　一湖庵
プロデュース・文　杉谷みどり
装丁デザイン　本郷公崇

渡會正純（わたらい・しょうじゅん）
1947年、北海道生まれ。少年工科学校９期。73年、駒沢大学大学院修士課程修了。中学・高等学校教諭の傍ら、大学非常勤講師。その後、社会福祉法人専務理事、大本山總持寺祖院副寺兼講師を務める。2007年没。

石飛博光（いしとび・はっこう）
1941年、北海道生まれ。60年より金子鷗亭に師事。64年、東京学芸大学卒業。88、89年日展特選連続受賞。96年、ＮＨＫ教育テレビ「実用書道」の講師を務める。2011年第53回毎日芸術賞受賞。現在、日展会員、毎日書道会常任顧問、全日本書道連盟顧問、日本詩文書作家協会常任顧問、創玄書道会会長、ＮＨＫ文化センター講師。著書には『実用書道――楽しい暮らしの書』、『書道・創作入門コツのコツ』（ともにＮＨＫ出版）、『わたしだけの般若心経』（小学館）、『石飛流 創作かな交じり書』（可成屋）、『石飛博光臨書集 古典渉猟』全十集（芸術新聞社）、『続ほっとする禅語70』、『一字で年賀状』、『色紙 漢字かな交じり書――富士山を書く』（ともに二玄社）などがある。
◇石飛博光ホームページ　http://www.ishitobi-hakko.com

ほっとする禅語《ぜんご》70

2003年２月25日　初版発行
2024年７月15日　50刷発行

著　者　渡會正純《わたらいしょうじゅん》　石飛博光《いしとびはっこう》　杉谷《すぎたに》みどり
発行者　渡邊也寸美
発行所　株式会社 二玄社

〒113-0021　東京都文京区本駒込6-2-1
電話 03(5395)0511　Fax 03(5395)0515
http://nigensha.co.jp

印　刷　TOPPANクロレ株式会社
製　本　鶴亀製本株式会社

ISBN978-4-544-05127-8　C0014